遗失在西方的中国史

英国画报看庚子事变（上）

赵省伟 编　赖莎 刘婵 邓姝月 译

中国画报出版社·北京

图书在版编目（CIP）数据

英国画报看庚子事变 / 赵省伟编 ; 赖莎, 刘婵,
邓姝月译. -- 北京 : 中国画报出版社, 2020.7
（遗失在西方的中国史）
ISBN 978-7-5146-1872-3

Ⅰ. ①英… Ⅱ. ①赵… ②赖… ③刘… ④邓…
Ⅲ. ①八国联军－侵华－史料②义和团运动－史料
Ⅳ. ① K256.706

中国版本图书馆 CIP 数据核字 (2020) 第 037186 号

遗失在西方的中国史：英国画报看庚子事变
赵省伟 编　赖莎 刘婵 邓姝月 译

出 版 人：于九涛
责任编辑：廖晓莹
校　　审：任　凯
责任印制：焦　洋

出版发行：中国画报出版社
地　　址：中国北京市海淀区车公庄西路 33 号　邮编：100048
发 行 部：010-68469781　010-68414683（传真）
总编室兼传真：010-88417359　版权部：010-88417359

开　　本：16 开（787mm×1092mm）
印　　张：29
字　　数：300 千
版　　次：2020 年 7 月第 1 版　2020 年 7 月第 1 次印刷
印　　刷：北京汇瑞嘉合文化发展有限公司
书　　号：ISBN 978-7-5146-1872-3
定　　价：188.00 元（全二册）

出版说明

近年来国内已经出版了一些庚子事变的海外史料，但世界画报界的翘楚——英国《伦敦新闻画报》《图片报》的相关报道却一直未得到系统整理。《伦敦新闻画报》是世界上第一份以图像为主体内容的报纸，自 1842 年创刊以来，始终把图片质量放在第一位，长期聘请英国著名画家为其供图。1900 年庚子事变爆发后，《伦敦新闻画报》密切关注中国局势，不仅派出特约记者随军进行采访，还刊登了众多在华英国官兵和外交人员的速写、照片等影像资料。作为《伦敦新闻画报》的竞争对手，创刊于 1869 年的《图片报》毫不逊色，其收录的众多大幅单页和对开版画更富视觉冲击力和艺术价值。

一、本书资料选自英国《伦敦新闻画报》《图片报》，共收录 500 余幅图片、12 万字一线记者现场报道。

二、每篇报道独立为节，按时间先后排序。小节标题使用中英两种文字，外文均照原刊录入。为保证印刷整齐精美，图片色调做了统一处理。

三、由于能力有限，书中个别地名、人名无法查出者，采用音译并注明原文。

四、限于原作者所处立场、思考方式与观察角度不同，书中很多观点跟我们的认识有一定出入，为保留原书的史料价值，这些均未删改。这不代表我们赞同他们的观点，相信读者能够自行鉴别。

五、由于时间仓促，统筹出版过程中不免出现疏漏、错讹，恳请广大读者批评指正。

最后，感谢解玺璋老师为本书倾情作序。

编　者

2019 年 12 月

序

大约120年前，中国北方发生了一件震惊中外的大事。从齐鲁大地到燕赵原野，义和团像一股疾风，横扫华北平原，所到之处，百姓乡民无不奋然而起。长期以来所形成的教会、教民与当地百姓乡民的矛盾，在极为短暂的时间内积聚、发酵，很快酿成了一场针对“洋教”和教民的复仇运动，如燎原烈火，势不可挡。特别是庚子年，即1900年，由于得到朝廷的支持和鼓励，成千上万的义和团成员涌入天津和北京，围使馆，烧教堂，灭洋教，杀教民，最终挑起了与东西方列强的全面战争，上演了一场影响至深、鲜血淋漓的历史悲剧，史称庚子事变。

历史已经走过两个甲子，又一个庚子就在眼前。如何认识这个中国群众性民族主义兴起过程中的重要事件，仍是摆在我们面前的十分迫切的任务。绝大多数中国人都知道义和团运动，百余年来，中外学者在各自的学术领域均贡献了他们的智慧，充分发挥了他们的想象与思维能力。特别是中国学者，在近现代史乃至义和团运动的研究中，更强调所谓历史评价。尤其是近些年来，在肯定还是否定义和团运动的问题上，出现了尖锐的对立和激烈的争论。义和团运动究竟是一场反帝爱国的伟大群众运动，还是一场由意识落后、封建迷信的狭隘农民发起的排外运动？它缓和了帝国主义瓜分中国的危机，还是阻碍了中国现代化的进程？这样一些问题，至今并没有让所有人都满意的答案。

其实，历史研究并不总是需要一个确切的答案，很多时候似乎也没有答案。如果有这样一本书，能把我们带入历史现场，向我们展示当时的面貌，也许我们可以对历史作出自己的判断和评价。《遗失在西方的中国史：英国画报看庚子事变》应该就是这样一本书。书中收录的五百余幅图片和十余万字的现场报道，主要来自在世界画报界负有盛名的《伦敦新闻画报》和《图片报》。这两家媒体在庚子事变中都向中国派有专业的新闻记者及摄影师和画家，并广泛征集、采用当事人现场拍摄的照片，因此提供了大量鲜活生动的现场报道，使我们有幸可以目睹时人所记录的珍贵场面。

八国联军与清朝军队及义和团之间的武装冲突固然是报道的重中之重，不过，报道尤侧重联军方面，特别是对英军人员构成、武器装备及部队调动、兵力部署的报道，尤为详备。北京外交使团被义和团围困的消息传开后，英国反应迅速，但由于当时英军主力被荷兰牵制在南非，国内无兵可派，只好由各个殖民地派出军队，印度、澳大利亚、新加坡、中国香港都组建了人数不等的派遣军，派往中国大陆，这些军队构成了在华英军的主力，其中甚至还有由华人组成的“华勇营”。这些部队的规模、行进速度、驻防情况及带队军官的资历、背景，都在报道中有所呈现。联军中其他几个国家派遣军队的规模、人数、兵种、装备，以及布防区域、势力范围，也为报道所特别关注。这些报道还有非常突出的一点，即持续报道了联军在进入北京之后，各个国家外交使团在外交政策及对华态度方面的差异和矛盾，以及各国军队在北京城内的表现。这种情形一直影响到后来的八国《联合声明》和各国外交代表与清政府的谈判。

我们并不希求这两家英国媒体的报道是完全客观真实的。他们也常有以后面报道修正前面报道的情况。这不仅不是问题，反而客观体现了西方媒体的态度。当然，任何一家媒体都有其自身的局限和限制，所有的报道都或隐或显地表达了各自的态度和立场，这两家英国媒体亦不例外。比如其中对俄国与德国的报道，显然折射出英国与这两个国家围绕在华利益发生的矛盾冲突和勾心斗角。书中有很多关于俄国窥伺远东并试图吞并中国东北，以《中俄条约》的方式在东北建立所谓“保护国”的报道；亦有英国联合美国、日本，以保护中国领土完整为理由，阻止俄国实现其企图的报道。其中，特别报道了日本对俄国欲将中国东北据为己有所表达的强烈不满，这很容易使人联想到四年后发生在中国东北的日俄战争。这些报道在书中所占篇幅比例相当大，仅次于列强与清朝军队及义和团之间武装对抗的报道。可见，在英国的远东战略中，防俄的迫切性甚至超过了防义和团，俄国比义和团更具危险性。

显而易见的是，这些报道提供了多种可能来了解和认识庚子年（1900）的中国，以及这一年发生在中国的一幕幕活剧。朝廷的翻脸和八国联军的滥杀固然导致了义和团运动归于失败，但也在事实上终结了列强“瓜分中国”的想法，并代之以美国主张的门户开放政策。《辛丑条约》给清朝政府和整个民族带来的灾难性后果自不待言，而有利的一面是戊戌政变以来开历史倒车的顽固政策被迫终止，改革在朝廷内外获得了广泛的支持。另一面是列强之间的矛盾随着《辛丑条约》的签订而公开化。

英国、日本为对付俄国而缔结同盟；美国虽未加入，却表明了支持的态度；中国亦有加入同盟的舆论，遂迫使俄国与中国定约，分三批撤退俄国在东北三省的军队。

报道的广泛性还表现为关注的视野并不局限于北方。英国策动两江总督刘坤一、湖广总督张之洞、两广总督李鸿章等，与交战各国达成协议，免于战乱的波及，称为东南互保运动；在南方，则有孙中山领导的惠州起义；在长江流域，亦有唐才常等领导的自立军“勤王”起义。这些都在报道中有所体现。报道还注意到中国社会生活的方方面面，如北京城里的茶馆、山西河北的风光、扬子江上游的采煤工人、参加武举考试的举子、驯鹰的蒙古贵族、瘦骨嶙峋的护庙僧人，都出现在报道的画面中。其中，有一幅插图，画面上是两个小脚女人，据说她们是被俘的义和团成员。如果真是这样，那么也许意味着神奇的“红灯照”并不像我们曾经听说的那种样子。

解玺璋

己亥立冬于望京二随堂

目录

上册

《伦敦新闻画报》▶

002 退位的光绪皇帝
KWANG HSU (EX-EMPEROR OF CHINA)

004 庚子事变
THE CRISIS IN CHINA

006 英国驻清朝官员及战舰
OUR OFFICES AND SHIPS IN CHINA

007 北京情景
SCENES IN PEKING

009 天津
TIENTSIN

011 庚子事变
THE CRISIS IN CHINA

016 清军由主城门入京
CHINESE SOLDIERS ENTERING THE PRINCIPAL GATE AT PEKING

017 庚子事变
THE CRISIS IN CHINA

020 毕盛
S.Pichon

021 中国的印度军队
INDIAN TROOPS IN CHINA

023 北京景色
SCENES IN PEKING

025 庚子事变
THE CRISIS IN CHINA

034 庚子事变
THE CRISIS IN CHINA

038 清朝的迷信：在武圣庙门前祈福
CHINESE SUPERSTITION: INVOKING THE GOD OF WAR AT THE GATE OF HIS SHRINE

040 大沽炮台
THE TAKU FORTS

042 女性篇章
LADIES' PAGE

044 清朝海域上的“可怖”号巡洋舰
IN CHINESE WATERS: H.M.S. "TERRIBLE"

045 天津之景
SCENES AT TIENTSIN

047 清朝的冬景与夏景
WINTER AND SUMMER SCENES IN CHINA

049 远东服役的德国战舰
GERMAN WAR-SHIPS ON EASTERN SERVICE

050 动荡不安的京城
THE DISTURBED IMPERIAL CAPITAL

053 京师
OFFICIAL PEKING

057 北京外交
DIPLOMATIC PEKING

059 皇城之景
SCENES IN THE IMPERIAL CAPITAL

060 在一处军事哨所登记入伍的义和团
'BOXERS' ENROLLING AT A MILITARY POST

062 奉天景象
THE SCENE OF MUKDEN

064 本报在中国的特约画家
OUR SPECIAL ARTIST IN CHINA

066 一位清朝女性的脚
A CHINESE LADY'S FOOT

067 清朝局势
THE SITUATION IN CHINA

068 可能在北京遇害的人们
PROBABLE VICTIMS OF THE MASSACRE AT PEKING

072 庚子事变
THE CRISIS IN CHINA

073 北京的教会建筑
MISSION BUILDING IN PEKING

075 英国在清朝的势力范围
THE BRITISH SPHERE OF INFLUENCE IN CHINA

078 从内地前往沿海地区的义和团：运河闸门的中式替代物
"BOXERS" FROM THE INTERIOR TRAVELLING TOWARDS THE COAST: THE CHINESE SUBSTITUTE FOR CANAL LOCKS

080 可能在北京遇害的人们
PROBABLE VICTIMS OF THE MASSACRE AT PEKING

081 天津的德国俱乐部
THE GERMAN CLUB, TIENTSIN

082 我们的插图
OUR ILLUSTRATIONS

085 独具特色的国民与军队
CHARACTERISTIC SCENES, CIVIL AND MILITARY

087 在华军队
TROOPS FOR CHINESE SERVICE

088 艺术撷英
ART NOTES

089 北京之景
SCENES IN PEKING

090 中俄困境：东西伯利亚战争的场景
THE RUSSO-CHINESE DIFFICULTY: THE THEATRE OF WAR IN THE EASTERN SIBERIA

092 庚子事变
THE CRISIS IN CHINA

094 清朝及南非战况
CHINA AND SOUTH AFRICA

094 庚子事变
THE CRISIS IN CHINA

096 参战的英军和日军
BRITISH AND JAPANESE TROOPS ON ACTIVE SERVICE

098 大沽和北京的景象
SCENES AT TAKU AND PEKING

100 遍布全国的清朝茶馆
A CHINESE NATIONAL INSTITUTION: THE TEA-SHOP

101 行军途中的困难：雨季从天津由陆路到北京
DIFFICULTIES OF THE MARCH TO PEKING: THE OVERLAND ROUTE BETWEEN TIENTSIN AND THE CAPITAL IN THE RAINY SEASON

102 清朝北部风光
SCENES OF THE NORTHERN CHINA

104 远东的印度和美国军队
INDIAN AND AMERICAN TROOPS FOR THE FAR EAST

106 在远东作战的普鲁士官兵
PRUSSIAN SOLDIERS FOR SERVICE IN THE FAR EAST

108 清朝的战况
THE MILITARY SITUATION IN CHINA

109 回忆清朝总兵戈登
A REMINISCENCE OF CHINESE GORDON

110 清朝掠影
SCENES IN CHINA

115 陆军上校弗朗克·蒙塔古·朗德尔
LIEUTENANT-COLONEL FRANK MONTAGU RUNDALL

116 李鸿章的主要财政来源
THE CHIEF SOURCE OF LI-HUNG-CHANG'S REVENUR

117 清朝及南非战况
CHINA AND SOUTH AFRICA

118 庚子事变
THE CRISIS IN CHINA

120 本报刊发的清朝图片
OUR CHINESE PICTURES

122 前往清朝途中感受到的国际礼仪
INTERNATIONAL GREETINGS ON THE WAY TO CHINA

123 清朝东北地区的地方官在对俄国工人进行检查
EXAMINATION OF RUSSIAN WORKMEN BEFORE A MANCHURIAN DISTRICT MANDARIN

124 庚子事变
THE CRISIS IN CHINA

127 天津的欧洲俱乐部
THE EUROPEAN CLUB, TIENTSIN

128 清朝及南非战况
CHINA AND SOUTH AFRICA
129 庚子事变
THE CRISIS IN CHINA
132 向北京进发：攻下大沽炮台
THE ADVANCE TO PEKING: THE CAPTURE OF THE TAKU FORTS
134 向北京进发：大沽和天津
THE ADVANCE TO PEKING: SCENES AT TAKU AND TIENTSIN
136 和天津援兵在一起：大沽与天津之间的河景
WITH THE TIENTSIN RELIEF FORCE: REVER SCENES BETWEEN TAKU AND TIENTSIN
138 和天津援兵在一起：行军中的逸事
WITH THE TIENTSIN HELIEF FORCE:HUMOURS OF THE MARCH
139 义和团用木偶戏进行“反洋”宣传
THE BOXERS' PROPAGANDA: THE CHINESE PUNCH-AND-JUDY AS AN ANTI-FOREIGN INSTRUMENT
140 文学：新书评论
LITERATURE: NOTES ON NEW BOOKS
142 清朝及南非战况
CHINA AND SOUTH AFRICA
143 清朝战场图册
CHINESE WAR PICTURES
146 与驻天津的联军同行
WITH THE TIENTSIN RELIEF COLUMN
147 清军一览
TYPES OF THE CHINESE ARMY
149 在清朝的法军
THE FRENCH IN CHINA
150 西伯利亚前线的清朝人
THE CHINESE ON THE SIBERIAN FRONTIER
153 正在天津周边村落战斗的蒙古八旗
TARTAR SOLDIERS DESTROYING VILLAGES ROUND TIENTSIN
154 向天津进发的西摩尔司令
ADMIRAL SEYMOUR S ADVANCE OF TIENTSIN
156 清朝及南非战况
CHINA AND SOUTH AFRICA
157 德国新任驻华公使穆默博士
DR. MUMM VON SCHWARZENSTEIN, NEW GERMAN MINISTER AT PEKING
158 大沽及天津场景一览
SCENES AT TAKU AND TIENTSIN
161 占领大沽炮台
THE CAPTURE TAKU FORTS
164 远东问题
THE FAR EASTERN QUESTION
165 孟加拉骑兵巡逻队正在押运一名义和团俘虏
A BENGAL CALVALRY PATROL ESCORTING A 'BOXER' PRISONER
166 清朝及南非战况
CHINA AND SOUTH AFRICA
167 高森中尉
LIEUTENANT J. R. GAUSSEN
168 查默斯上尉
CAPTAIN R.C.H.CHALMERS
169 清朝战场图册
CHINA WAR PICTURES
170 行进中的皇室队伍
AN IMPERIAL CORTEGE ON THE ROAD
172 一家清朝理发店
A CHINESE BARBER ' S SHOP
173 在天津外竹林里的日本骑兵
CHARGE OF THE JAPANESE CAVALRY AMONG THE BAMBOO OUTSIDE TIENTSIN
174 庚子事变
THE CRISIS IN CHINA
177 向北京行进的锡克士兵
THE SIKHS ON THE ROAD TO PEKING
178 塘沽和天津的景象
SCENES IN TONG-KU AND TIENTSIN
180 临行前，维多利亚州总督向海军部队训话
THE GOVERNOR OF VICTORIA ADDRESSING THE NAVAL CONTIGENT
181 城头上的战斗
FIGHTING ON THE RAMPARTS

182 女性篇章
LADIES' PAGE
184 清朝及南非战况
CHINA AND SOUTH AFRICA
185 英国皇家海军上尉雷伊
LIEUTENANT W. B. S. WREY, R. N.
186 义和团在此城墙上炮击使馆区的外国人
THE WALL FROM WHICH THE BOXERS BOMBARED THE LEGATIONS IN PEKING
187 在松江阅兵场训练的清军
CHINESE REGULARS DRILLING ON THE PARADE-GROUND AT SUNG-KIANG
188 萨道义
SIR ERNEST SATOW
189 俄军在清朝东北地区
THE RUSSIANS IN MANCHURIA
190 天津遭轰炸后的景象
SCENES IN TIENTSIN AFTER THE BOMBARDMENT
192 清朝及南非战况
CHINA AND SOUTH AFRICA
193 前往北京的联军
WITH THE ALLIED FORCES TO PEKING
194 联军舰队驶离上海
THE FLEET OF THE POWERS OFF SHANGHAI
195 “波特兰公爵”号运输船上的军队在上海登陆
TROOPS DISEMBARKING AT SHANGHAI FROM THE TRANSPORT "DUKE OF PORTLAND"
196 庚子事变
THE CRISIS IN CHINA
198 驻防将军
THE TARTAR GENERAL
199 德军士兵挨家挨户搜查义和团
GERMAN SOLDIERS SEARCHING HOUSES FOR ARMED "BOXERS"
200 清朝及南非战况
CHINA AND SOUTH AFRICA
201 龙椅
THE DRAGON THRONE OF CHINA
202 在清朝的联军
THE ALLIED FORCES IN CHINA
204 德军士兵在孟加拉枪骑兵的协助下发动攻击
GERMAN TROOPS CHEERING A CHARGE BY THE GENGAL LANCERS
205 牛庄的俄军与手持大刀的义和团
THE RUSSIANS AT NEWCHWANG: A TEST OF "BOXER" INVULNERABILITY.
207 清朝及南非战况
CHINA AND SOUTH AFRICA
209 驻京公使馆的军事行动
THE DEFENCE OF THE PEKING LEGATIONS
217 清朝及南非战况
CHINA AND SOUTH AFRICA
218 混乱中的清朝
DISTURBED CHINA
219 庚子事变
THE CRISIS IN CHINA

下册

225 清朝及南非战况
CHINA AND SOUTH AFRICA
226 庚子事变
THE CRISIS IN CHINA
231 修复海河支流上的一座桥梁
THE CONSTRUCTION OF A BRIDGE OVER A CREEK NEAR THE PEI-HO
232 清朝及南非战况
CHINA AND SOUTH AFRICA
232 本报刊发的清朝图片
OUR CHINESE PICTURES
234 联军进入紫禁城
THE ENTRANCE OF THE TROOPS INTO THE FORBIDEN CITY, PEKING
236 庚子事变
THE CRISIS IN CHINA

239 庚子事变
THE CRISIS IN CHINA

243 白河上的联军：工兵正加固河堤
THE ALLIED FORCES ON THE PEI-HO RIVER: SAPPERS STRENGTHENING THE RIVER-BANKS

244 8月6日的杨村之战
THE BATTLE OF YANG-TUN, ON AUGUST 6

246 从补给船上卸载后勤物资
UNLOADING STORES FROM COMMISSARIAT JUNKS

247 清朝
CHINA

249 9月8日，联军和各国使馆人员在天主教堂做礼拜
THE ALLIED FORCES IN PEKING: THE "TE DEUM" SUNG IN THE CATHEDRAL ON SEPTEMBER 8

250 孟加拉枪骑兵奔赴北京
THE BENGAL LANCERS ON THEIR WAY TO PEKING

251 联军工兵试图炸毁白塔
THE ATTEMPT MADE BY THE ENGINEERS TO BLOW UP THE GREAT WHITE PAGODA

252 在天坛庆祝阿尔马河战役胜利日
CELEBRATING ALMA DAY AT THE TEMPLE OF HEAVEN, PEKING

253 英属印军首次攻入北京城
THE FIRST ENTRY OF THE ANGLO-INDIAN TROOPS INTO THE CITY OF PEKING

254 庚子事变
THE CRISIS IN CHINA

256 8月6日的杨村之战后，英军处理义和团留下的火药
AFTER THE BATTLE OF YANG-TUN, AUGUST 6: BRITISH TROOPS DESTROYING GUNPOWDER LEFT BEHIND BY THE "BOXERS"

257 梭迪上校及其锡克分遣队攀爬北京城墙
CAPTAIN SOADY AND HIS DETACHMENT OF SIKHS CLIMBING THE WALLS OF PEKING

258 联军修复北京至天津的铁道
WITH THE ALLIED TROOPS TO PEKING: CONSTRUCTING A RAILWAY LINE BETWEEN PEKING AND TIENTSIN

259 被义和团与清军毁坏的丰台火车站
THE RAILWAY STATION AT FĘNG-TAI, DESTROYED BY THE "BOXERS" AND CHINESE IMPERIAL TROOPS

261 占领山海关：从海面眺望城镇概貌
THE OCCUPATION OF SHANHAIKUAN: A GENERAL VIEW OF THE TOWN FROM THE SEA

262 前往清朝的英国皇家海军战舰“光荣”号
THE DEPARTURE OF H.M.S. "GLORY" FOR CHINA

263 在清朝与联军同行
WITH THE ALLIED FORCES IN CHINA

270 清朝的冬季：一家客栈
WINTER IN CHINA: A CHINESE REST-HOUSE

272 在清朝与联军同行
WITH THE ALLIED FORCES IN CHINA

275 大沽炮台
THE TAKU FORTS

277 清朝插图
OUR CHINESE ILLUSTRATIONS

280 清朝的冬季：大运河上挂帆的雪橇
WINTER IN CHINA: SAILING SLEDGES ON THE GRAND CANAL

282 中国聂斯托利派基督教的石碑
THE NESTORIAN TABLET IN CHINA

283 清朝事务
AFFAIRS IN CHINA

286 诱捕黑貂
BLACK SABLE TRAPPING

288 在清朝与联军同行
WITH THE ALLIED FORCES IN CHINA

290 清朝场景
SCENES IN CHINA

292 10月17日，瓦德西元帅在联军众位将军的陪同下，经由哈德门进入北京城
GENERAL VON WALDERSEE, ATTENDED BY THE GENERALS OF THE ALLIED POWERS, ENTERING PEKING BY THE HATERMAN GATE ON OCTOBER 17

294 英国和俄国的铁路政策：埃利斯将军与俄军将军商讨唐泰地区的铁路建设问题
BRITISH AND RUSSIAN RAILWAY POLICY: GENERAL ELLIS AND THE RUSSIAN GENERAL DISCUSSING THE BUILDING OF THE LINE AT TANG-TEI

295 献给维多利亚女王的礼物：拆毁北京一座喇嘛庙时，英军在标记准备呈送给女王的战利品
PRESENTS FOR QUEEN VICTORIA: MARKING THE TROPHIES DESTINED FOR HER MAJESTY DURING THE DISMANTLING OF THE LAMA TEMPLE AT PEKING

296 “鹬鸟”号失事
THE LOSS OF THE "SANDPIPER"

297 清朝事务
AFFAIRS IN CHINA

298 窦纳乐
CLAUDE MACDONALD
299 麦克弗森中尉
LIEUTENANT MACPHERSON
300 已故的沃茨－琼斯上尉
THE LATE CAPTAIN WATTS-JONES
301 在清朝与联军同行
WITH THE ALLIED FORCES IN CHINA
302 在清朝与联军同行
WITH THE ALLIED FORCES IN CHINA
305 11月10日台风过境香港：英国皇家海军舰艇“水獭”号援救英国皇家海军舰艇“鹬鸟”号上全体船员
THE TYPHOON AT HONGKONG ON NOVEMBER 10: H. M. S. "OTTER" RESCUING THE CREW OF H. M. S. "SANDPIPER"
307 清朝的一种宗教习俗：转经
A CHINESE RELIGIOUS INSTITUTION: PRAYER-WHEELS
308 在清朝与联军同行
WITH THE ALLIED FORCES IN CHINA
310 庚子事变
THE CRISIS IN CHINA
311 “鹬鸟”号战舰
H.M.S. "SANDPIPER"
312 在清朝的地位
THE POSITION IN CHINA
314 清朝的局势
THE SITUATION IN CHINA
315 哈利迪名誉少校
BREVET-MAYOR L. S. T. HALLIDAY
316 在清朝与联军同行：瓦德西在北京西南城门检阅孟加拉枪骑兵团
WITH THE ALLIED FORCES IN CHINA: INSPECTION OF THE BENGAL LANCERS BY COUNT WALDERSEE AT THE SOUTH-WEST GATE OF PEKING
317 在清朝与联军同行：清朝高级官员代表与总理衙门大臣在德国公使馆庭院内请求拜谒德国公使
WITH THE ALLIED FORCES IN CHINA:A DEPUTATION OF MANDARINS AND CHINESE MINISTERS ASKING FOR AN AUDIENCE OF THE GERMAN AMBASSADOR IN THE COURT OF THE GERMAN LEGATION, PEKING
318 清朝图片
OUR CHINESE PICTURES
319 清朝高官前往慰问外国使臣的途中
MANDARINS ON A VISIT OF CONCILIATION TO THE FOREIGN REPRESENTATIVES
320 北京东南方向一处驿站里，英属印度军队的一支驼队
AN ANGLO-INDIAN CAMEL TRANSPORT AT A HALTING-PLACE SOUTH-EAST OF PEKING
322 在清朝与联军同行
WITH THE ALLIED FORCES IN CHINA
326 在香港，珀西·斯科特船长打捞沉没的“珠江”号挖泥船
THE RAISING OF THE SUNKEN DREDGER, "CANTON RIVER," AT HONG-KONG, BY CAPTAIN PERCY SCOTT
328 李鸿章
LI HUNG CHANG
329 英俄争端
THE ANGLO-RUSSIAN DISPUTE
331 英俄分歧：天津与塘沽周边的情形
THE ANGLO-RUSSIAN DISAGREEMENT: SCENES AROUND TIENTSIN AND TONGKU
336 清朝局势
THE SITUATION IN CHINA
337 天津局势：清朝人在印度军队的监督下拆除城墙
THE SITUATION AT TIENTSIN: COMPULSORY DEMOLITION OF THE TOWN WALLS BY CHINESE UNDER THE SUPERINTENDENCE OF INDIAN TROOPS
338 清朝局势
THE SITUATION IN CHINA
339 在清朝与联军同行
WITH THE ALLIED FORCES IN CHINA
343 在北京的官员们
THE STAFF AT PEKING
345 在清朝与联军同行
WITH THE ALLIED FORCES IN CHINA
348 伯爵宫的大型军事演出：庚子事变场景重现
THE MILITARY SPECTACLE AT EARL' S COURT: SCENES OF THE WAR IN CHINA
349 伯爵宫的大型演出
THE EARL' S COURT SPECTACLE
351 在清朝与联军同行
WITH THE ALLIED FORCES IN CHINA

353 军事展览
THE MILITARY EXHIBITION
355 一座废弃的清朝寺庙
A RUINED CHINESE TEMPLE
356 在蒙古库苏古尔湖上进行皇家训鹰比赛的蒙古族首领们
MONGOLIAN CHIEFS AT THE ROYAL SPORT OF FALCONRY AT DALAY NOV LAKE IN WESTERN MONGOLIA
357 清朝的游园会
A GARDEN-PARTY IN CHINA
359 新书杂记
NOTES ON NEW BOOKS
360 在北京劫掠的皇室印章
IMPERIAL SEALS LOOTED FROM PEKING
362 第4旁遮普步兵团挖出清军埋的速射炮
THE 4TH INFANTRY UNEARTHING QUICK-FIRING GUNS BURIED BY THE CHINESE TRODPS
363 威廉二世设计的清朝勋章
THE KAISER' S CHINESE MEDAL
364 清朝政府致歉代表团
THE CHINESE EXPIATORY MISSION
366 从清朝返回的德军途经维也纳
GERMAN TROOPS IN VIENNA OF THEIR WAY HOME FROM CHINA
368 《辛丑条约》正式签订
THE SIGNING OF THE PEKING PROTOCOL

《图片报》▶ 370 在保定府处死3名排外的官员
THE EXECUTION OF THREE ANTI-FOREIGN OFFICIALS IN PAOTING-FU
372 和谈新进展
A STEP TOWARDS PEACE
373 俄国和清朝东北地区
RUSSIA AND MANCHURIA
374 城墙外的日常景观
AN EVERY-DAY SIGHT OUTSIDE A WALLED TOWN
376 远离阳光灿烂的地方：驻扎在山海关要塞一角的印度军队
FAR FROM THEIR SUNNY CLIMES: INDIAN TROOPS IN A CORNER OF THE FORT AT SHAN-HAI-QUAN
378 北京和天津之间的交通服务
THE TRANSPORT SERVICE BETWEEN PEKING AND TIENTSIN
379 联军在清朝的进展
PROGRESS IN CHINA
381 庚子和谈
THE CHINESE PEACE NEGOTIATIONS
384 在清朝的一支殖民地军队医疗队
A COLONIAL AMBULANCE CORPS IN CHINA
385 国际调查委员会调查保定大屠杀事件
THE INTERNATIONAL COMMISSION OF INQUIRY INTO THE MASSACRES AT PAOTING-FU
386 殖民地士兵在清朝的活动：一名为营地运送补给的澳大利亚水兵
COLONIALS CAMPAIGING IN CHINA: AN AUSTRALIAN BLUEJACKET BRINGING SUPPLIES TO HIS CAMP
387 "他的守护神：一位军官在山海关的宿舍"
"HIS GUARDIAN ANGEL: AN OFFICER' S QUARTERS IN SHAN-HAI-QUAN"
388 辫子的作用
THE USE OF THE PIGTAIL
389 法国军队的一次新奇经历
A NOVEL EXPERIENCE FOR THE FRENCH CONTINGENT
390 驻扎在天津的各国军队
TYPES OF TROOPS AT TIENTSIN
392 报复行为
AN ACT OF RETRIBUTION
393 抢劫来的赃物
A HAUL OF LOOT
394 对紫荆关发起最后一次进攻
THE FINAL ASSAULT ON THE GATEWAY AT THE TSU-JING-KWAN PASS
395 清朝东北地区的俄国军队：哥萨克人驱赶背负草料的满族和清军俘虏前往齐齐哈尔
THE RUSSIAN CAMPAIGN IN MANCHURIA: COSSACKS ESCORTING MANCHUS AND CHINESE PRISONERS LADEN WITH FORAGE AT TSITSIKAR
396 与清朝的协议
THE CHINA SETTLEMENT
398 在清朝抢掠
LOOTING IN CHINA
400 北京的法国军事法庭
A FRENCH COURT-MARTIAL IN PEKING

401 清朝东北地区的危机
THE MANCHURIAN DANGER
402 在中国香港宣布英国国王即位的消息
PROCLAIMING THE KING AT HONG KONG
404 与在清朝水域的英国舰队同行：拍卖死去战友的遗物
WITH OUR FLEET IN CHINESE WATERS: SELLING A DEAD COMRADE' S EFFECTS BY AUCTION
405 保定府的官员们要求联军暂缓几天进城
A DEPUTATION OF OFFICIALS FROM PAO-TING FU ASKING FOR A FEW DAYS' DELAY
406 俄国和清朝
RUSSIA AND CHINA
408 清朝的前景
THE PROSPECT IN CHINA
409 维多利亚女王去世：北京的纪念挽歌
THE DEATH OF QUEEN VICTORIA: A COMMEMORATIVE DIRGE IN PEKING
410 非洲猎骑兵在一位清朝向导的指引下侦察
CHASSEURS A'AFRIQUE, WITH A CHINESE GUIDE, RECONNOITRING
412 清朝的新年
THE CHINESE NEW YEAR
414 处决袭击外国游艇的海盗
THE EXECUTION OF THE PIRATES WHO ATTACKED A FOREIGN HOUSEBOAT
416 北京天坛公园内的运动会
A GYMKHANA IN THE PARK OF THE TEMPLE OF THE HEAVEN, PEKING
418 榨干清朝
FLEECING THE CHINESE
419 清朝皇帝和他的两位谋臣
THE CHINESE EMPEROR AND TWO OF HIS ADVISERS
420 在北京一条拥挤的大街上，士兵和水手自娱自乐
SOLDIERS AND SAILORS AMUSING THEMSELVES IN A CROWED THOROUGHFARE IN PEKING
422 第一支离开的英国军队
THE FIRST BRITISH TROOPS TO LEAVE
424 在天津针锋相对：英国和俄国哨兵在有争议的领地上
FACE TO FACE AT TIENTSIN: THE BRITISH AND RUSSIAN SENTRIES ON THE DISPUTED TERRITORY
426 伯爵宫的军事展览
THE MILITARY EXHIBITION AT EARL'S COURT
427 骑着清朝矮种马的强盗遭到孟加拉枪骑兵的追赶
ROBBERS ON CHINESE PONIES BEING PURSUED BY BENGAL LANCERS
430 北京街头的“洋鬼子”：来自孩子们的敬礼
"FOREIGN DEVILS" IN A STREET IN PEKING: A SALUTE FROM GUTTERSNIPES
432 娱乐“洋鬼子”：北京的街头表演
ENTERTAING THE "FOTRIGN DEVILS": A STREET PERFORMANCE IN PEKING
433 英国在华运输工具
BRITISH TRANSPORT IN CHINA
434 清朝和谈
THE CHINESE NEGOTIATIONS
435 英国皇家海军战舰“百夫长”号和“光荣”号在吴淞口相撞
THE COLLISION BETWEEN H. M. S. "CENTURION" AND H. M. S. "GLORY" OFF WOOSUNG
436 英国远东海军中国舰队的新型巡洋舰
A NEW CRUISER FOR THE CHINA STATION
437 在北京举办的一场俄国军事葬礼
A RUSSIAN MILITARY FUNERAL IN PEKING
439 《辛丑条约》及后续事宜
THE CHINESE SETTLEMENT AND AFTER
440 无题
UNTITLED
443 在旧金山，传教士将女奴从唐人街清朝人手中解救出来
SLAVE GIRLS RESCUED BY MISSIONARIES FROM CHINESE DENS IN CHINA TOWN, SAN FRANCISCO
444 “请出示车票！”在北京—山海关铁路上，一位清朝收票员正在收取车票
"TICKETS, PLEASE!" A CHINESE COLLECTOR TAKING TICKETS ON THE PEKING-SHANHAIKUAN RAILWAY

《伦敦新闻画报》

THE ILLUSTRATED LONDON NEWS,

JUNE 16 1900 ◆ THE ILLUSTRATED LONDON NEWS ◆ SATURDAY，No.3191
1900 年 6 月 16 日 伦敦新闻画报 星期六 第 3191 期

退位的光绪皇帝

KWANG HSU（EX-EMPEROR OF CHINA）

慈禧太后这位老妇人一手遮天，接连两朝作为实际统治者执掌清朝朝政，而皇帝实为其提线木偶。如今她已年近 65，仍热衷于宫廷政治。受其胁迫，未及而立之年的光绪皇帝让位于 9 岁男童溥儁[1]，溥儁先祖是 19 世纪三四十年代在位的道光皇帝。尽管光绪皇帝意图改革，却未有太大建树。据说，他还因为维新变法四面树敌，且远甚于对日主战招致的敌人，而其改革措施也早已被搁置一旁。光绪皇帝称病退位前，言辞恳切地请求其姨母慈禧太后再次训政，而慈禧太后欣然同意。如今社会动荡，这已是慈禧太后第三次执掌朝野。

众所周知，慈禧太后专横跋扈，有人甚至提议不必顾及清朝人民的想法，应该当机立断罢黜慈禧太后。而据猜测，有些不惜代价追求人民自由与国家独立的人并不赞成这一做法：“我反对以自由之名干涉独立国家内政。慈禧太后暴戾恣睢，挑拨义和团残杀洋人，出尔反尔且执政不公，这些或许是事实。但其违背条约内容、触怒英国子民、危害政治及商业利益等事宜，并不是他国侵犯清朝主权独立的正当理由。如果洋人在清朝遇害，那是因为他们不够谨慎。他们为什么不能待在自己国内呢？如果我等为保护同胞报复清朝人，只会招致清朝人更加怨愤，辜负霍夫迈尔先生（Celestial Hofmeyr）的信任。”莫利（Morley）厌恶和平，对经济发展和改革创新嗤之以鼻。难以置信的是，他竟未将上述说法告予国民，并义正词严地一一进行驳斥。

[1] 溥儁生于 1885 年。他只是被慈禧立为储君，并未代替光绪。——译者注

退位的光绪皇帝。

庚子事变

THE CRISIS IN CHINA

或许与众人所料相反，清朝的危机好像要峰回路转。这是由于英国在东方分身乏力，且南非战场上布尔人有望占上风。幸亏各国在清朝问题上暂时达成一致，使英国得以喘息。正如德尔卡赛[1]当日在法国参议院所称，义和团运动对所有欧洲政府造成威胁，因而全欧洲应协同一致扭转危机。这些“暴徒”甚至将英国公使的避暑官邸损毁殆尽。有证据表明，慈禧太后极端厌恶洋人，因而支持义和团。而聂士成将军因为驱散义和团而受到申饬。得清政府特许，义和团在北京招摇过市，随时都有可能袭击欧洲人或基督徒。目前，清教徒受少量英国及美国海军庇佑，而天主教徒则藏身于法国大教堂中，由法国人保护。

华北地区义和团运动日益激烈，使得本报今日刊登的北京及天津的照片颇具价值。1897 年秋，义和团运动发源于山东，即当时德占的胶州湾及周边大片区域。自义和团兴起后，当地局势愈加动荡不安。义和团四处活动，德国人对此采取强硬措施，直接派兵进驻受影响地区，在某些情况下甚至将村落付之一炬。义和团拳民和其他清朝人一样，对自身实力心知肚明，知道在山东已无落脚之可能，只得向邻省直隶边界处压力较小之地进发。直隶位于山东以北，即天津及首都北京所在地。1899 年冬天，义和团在山东杀害卜克斯[2]，这一强势行为昭示了其北进的行程。《京津泰晤士报》1899 年冬季就曾对义和团北进提出严重警告，众人却对示警视若无睹，结果造成现在的局面。

天津是华北地区最大的集散中心，其地位相当于上海之于华中、广州之于华南。这座清朝第二大港口城市位于江河交汇之处，商贸活动远达清朝腹地。英国人首先在此开埠通商，使得天津近年来飞速发展。英国人在此地的商贸活动量远超其他各国总和。海河河面狭窄，从当年 12 月中旬至次年 3 月中旬近 3 个月时间均处于冰封期。如后文插图所示，此时大批客运及货运船若要通过冰封河面，只能破冰行进。此外，

---

[1] 当时的法国外长。——译者注

[2] 卜克斯（Sydney Malcolm Wellbyebrooks，1874—1899），1897 年来华，隶属英国安立甘会。——译者注

本报记者在自北京发出的火车上，拍摄了一张天津火车站的相片。现在，乘火车在一天之内往返于北京与天津之间已非难事，还可分别在两城停留 4 小时办理商务。过去往来京津，走水路需 7 天，走陆路需 4 天。官办铁路如今已是华北地区交通动脉。这条铁路全长 555.5 英里[1]，连接天津与牛庄，已开始运营。1899 年，英国人与汇丰银行协商，顺利借得专项资金 230 万英镑，因而目前官办铁路运营权由英国人牢牢掌控。上述活动皆是为打开中国大门而开展的商贸活动，为我等攫取更大利益，任何一方皆不应做出有损目前良好情势的行为。本报另刊登正阳门相片一张。正阳门是北京的大型城门之一。官办铁路建设全权由金达[2]负责。为完成该项工程，金达排除了很多困难，因此在英国女王生日当天获得荣誉称号。

[1] 1 英里≈ 1.6 公里。——译者注

[2] 金达（Claude William Kinder，1852—1936），英国铁路工程师，1880 年来华。曾任清朝首条营运铁路唐胥铁路总工程师 30 年之久。——译者注

英国驻清朝官员及战舰

OUR OFFICES AND SHIPS IN CHINA

目前清朝危机四伏，我国派出了曾参加过对华战争、作战经验丰富的海军中将西摩尔（Edward Hobart Seymour）。西摩尔是海军司令西马糜各厘（Michael Culme-Seymour）[1] 的侄子，毕业于拉德利（Radley）公学，1852 年加入英国海军。在克里米亚战争期间，西摩尔作为海军候补少尉服役于“可怖”号（Terrible），参与炮击奥德萨、塞巴斯托波、金伯恩行动及其他若干小型行动。在夺取刻赤（Kertch）一战中，西摩尔因积极作战荣获克里米亚勋章及土耳其勋章。另外，“加尔各答”号（Calcutta）于佛山水道被中国小型舰队击沉之时，西摩尔在船上担任水手。之后，西摩尔随军参加占领广州及海河要塞等战役，升任中尉后于 1860 年参与对华作战。1870 年，他在刚果担任“咆哮者”号（Growler）指挥官，后升任上尉。此后成为“鸢尾花”号（Iris）舰长，参与了 1882 年埃及战争。此外，西摩尔亦获得英国驻华公使窦纳乐 [2] 的全力支持。

窦纳乐毕业于阿宾汉姆（Uppingham）学校，后参加陆军。因积极参战，官至少校，于 1887 年退役。此后窦纳乐相继担任驻桑给巴尔总领事、驻尼日尔地区特别专员、驻清朝及朝鲜特派公使。应窦纳乐请求，目前前往清朝的战舰有：西摩尔司令旗舰“百夫长”号（Centurion），该舰为一级双桨螺旋战舰，排水量 10500 吨；双螺桨船“阿尔及利亚”号（Algerine）及“凤凰”号（Phoenix），排水量 1050 吨；双桨鱼雷驱逐舰“牙鳕”号（Whiting）。

[1] 时任英国东方舰队司令。——译者注

[2] 窦纳乐（Claude Maxwell MacDonald，1852—1915），英国外交官。1896 年任英国驻华公使。——译者注

北京情景

SCENES IN PEKING

北京街头。

英国公使馆。出自《远东的民众与政治》(*The Peoples and Politics of the Far East*)。

英国公使馆外围。麦金托什拍摄。

正阳门，北京城的主要城门之一。麦金托什拍摄。

天津

TIENTSIN

直隶总督衙门外。麦金托什拍摄。

冰封期为当年12月中旬至次年3月中旬的海河。麦金托什拍摄。

火车站。麦金托什（D. H. Mackintosh）拍摄。

直隶总督衙门入口。麦金托什拍摄。

用于连通海河与铁路的舟桥，已被义和团毁坏。麦金托什拍摄。

直隶总督卫队沿天津英国租界中街（Victoria Road）行进。麦金托什拍摄。

JUNE 23 1900 ◆ THE ILLUSTRATED LONDON NEWS ◆ SATURDAY，No.3192
1900 年 6 月 23 日 伦敦新闻画报 星期六 第 3192 期

庚子事变

THE CRISIS IN CHINA

本周从清朝传来的消息称，联军可能损失惨重，这令人胆战心惊。本报未听闻西摩尔司令到达北京，反而有传言称各国公使馆被攻击，德国公使被杀。一天之内，联军即收到上述传闻，而周日上午，义和团及清军毫无征兆地向联军发动攻击，联军炮舰即刻反击，炮轰大沽炮台。攻击持续 6 小时，一艘英国军舰受损。英军鱼雷驱逐舰“名誉”号（Fame）及“牙鳕”号俘获清军同级别舰艇 4 艘。联军在大沽炮台外围水域俘获一艘悬挂了令旗的清军二级巡航舰。联军登陆前派水兵前哨登陆并强攻炮台。除该行动造成的伤亡外，联军方面共损失军官 5 名、海员 41 人，伤 37 人。目前各国已竭尽所能将军队与炮艇调往北京，其中日本派兵 4 万人及军用舰若干，足以缓解目前兵力紧张的局面。周三，有消息称西摩尔的军队已经抵达北京城。

1859 年大沽炮台就曾被我军占领。本报再版早前的作战部署，并绘制示意图（12 页），供读者回顾当年战况。示意图中，海河中共有 4 种障碍物，分别为：A 区域，铁桩；B 区域，仿木式浮筒；C 区域，纵向系有木头的链条；D 区域，宽度约 30 码[1]的浮木吊杆。

清朝早年远比西方各国发达，北京城现存的天文台可以证明这一点。该天文台位于城墙左近，外观精妙绝伦，令人称奇。该天文台配有做工精巧的铜制观测仪器，其历史可以追溯到 1279 年忽必烈攻占北京城之时。而在第谷・布拉赫[2]之前，欧洲人对金属天文仪器尚一无所知。随忽必烈到达北京的观星术士认为，部分天文

---

[1] 1 码≈ 0.91 米。——译者注

[2] 第谷・布拉赫（Tycho Brahe，1546—1601），丹麦天文学家和占星学家，近代天文学的奠基人。他编制的一部恒星表相当准确，至今仍然极具价值。——译者注

仪器是古代战争的战利品，与北京地区纬度不符，于是，忽必烈命他们重新建造了一批仪器。两件留存至今的天文仪器与其他器材一起曝于露天环境下，常年饱受日晒雨淋，竟未见明显损伤。据托马斯·查尔德[1]早年在《皮尔逊杂志》（*Pearson's Magazine*）中描述，其他天文仪器制于1670年左右，即清朝早期。当时康熙皇帝相当青睐耶稣会神父，令南怀仁[2]神父担任钦天监监正一职，并在此期间制造另外6种天文仪器。目前大部分天文仪器堆放于城墙上的一处大型砖砌平台上。该平台面积约40平方英尺[3]，高约70英尺，立于平台上，可俯瞰部分城墙。游客拾级而上即可到达平台，随即便可以看到一座大型浑天仪。浑天仪外形如后面插图所示，直径约7英尺6英寸[4]，球体呈棕褐色，其上固定有凸起的星装饰物以表示行星及主要星群。天文台目前无人看管，已遭废弃，儿童可以随意进出玩耍。此地杂草野树肆意生长，砖石歪斜，各种仪器杂乱无章。

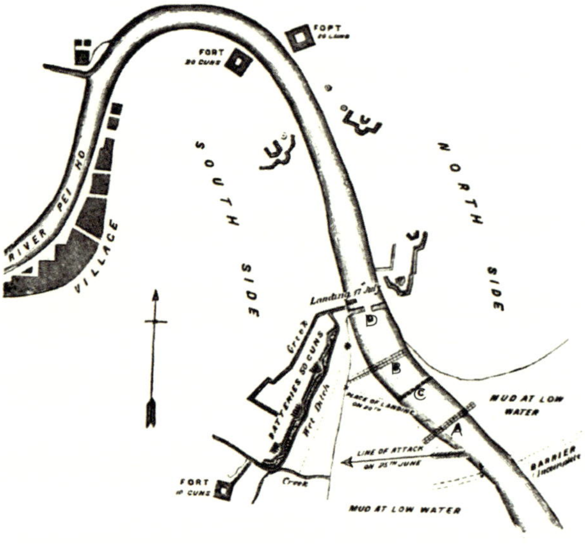

1859年大沽炮台海河河口防御示意图。原刊于1859年9月24日《伦敦新闻画报》（*The Illustrated London News*）。

[1] 托马斯·查尔德（Thomas Child），出生于伦敦工人世家。1870年被清朝海关聘为驻北京的燃气工程师，此后拍摄了200多张老北京照片，出版摄影集《北京》。——译者注

[2] 南怀仁（Ferdinand Verbiest，1623—1688），字敦白，比利时耶稣会士，1658年来华。——译者注

[3] 1英尺≈0.3048米。——译者注

[4] 1英寸≈2.54厘米。——译者注

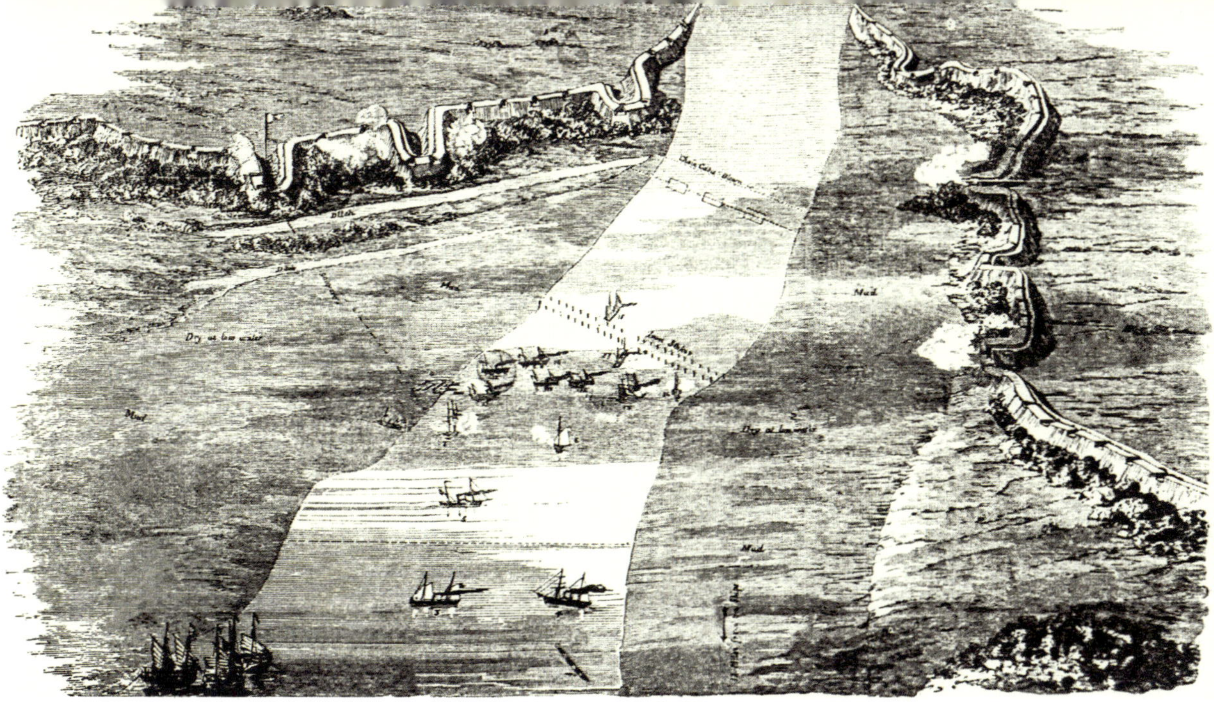

1859 年 6 月 25 日，英法联军攻击大沽炮台。原刊于 1859 年 9 月 24 日《伦敦新闻画报》。

大沽炮台遭联军炮击并被占领。英国皇家水彩画家协会已故画家威廉·辛普森（William Simpson）绘制。

北京的“乞丐桥”[1]。托马斯·查尔德拍摄。

[1] 即正阳桥。桥头有很多贫苦的雇工，找不到工作时也会乞讨，因此此处被外国人称为“乞丐桥”。——译者注

位于清朝海域的英国一级巡洋舰“奥兰多”号（Orlando）。克里布（Cribb）摄于南海。

北京的天文仪器，1670 年左右由耶稣会传教士负责设计和监造。

北京城墙上的古代铜制天文仪器。

洪涝时大沽的道路。图中建筑为伦敦会创办的医院。

外国公使馆附近的大街。格伦迪宁（B. Glendinning）拍摄。

天津伦敦会医院正面。

清军由主城门入京

CHINESE SOLDIERS ENTERING THE PRINCIPAL GATE AT PEKING

清军由主城门入京。

庚子事变

THE CRISIS IN CHINA

自本报上周报道有关西摩尔司令抵达北京的消息后，近一周各种消息四散流传，不过，本报得到的确切消息并不多。联军在以很小的代价占领天津后，意图继续向北进发，同北京的西摩尔率领的军队会合。而西摩尔已经抵达北京城内的各国公使馆。

联军的构成十分有意思。在攻打天津的过程中，英军派兵 2000 人；德军派兵 1000 余人；日军派兵最多，自然而然地日军司令被任命为行动的最高统帅。法军和美军正加急增派兵力。值得注意的是，为夺取大沽炮台及其他区域，俄军对表现积极的军官及士兵给予了特别嘉奖。

“最终他和同伴一起占领了世界上最好的国家——中国。”西摩尔司令或许会想到《约翰·曼德维尔爵士航海及旅行记》(*Sir John Maundeville's Travels*)中的这句话。通向北京的道路一马平川，对旅行者来说没有太多特色，在中国骑马 1 小时可轻松行进 7 英里，每天可前进 40 英里。在此过程中，西摩尔放眼望去，眼中还是多年前寇松[1]眼中的景象：“清朝人勤俭节约，任劳任怨，但是生活条件艰苦，且缺乏教养。他们排斥一切外来因素，故步自封的思想深植于其国民特性中。这群人麻木不仁，常年以来形成的道德观与宗教观骇人听闻。他们处事十分严谨，自以为国家管理制度完美无缺，因而多年来一成不变，造就了如今的盲目自大。”

大沽炮台外围，即海河出海口是一片泥坝，旅行者必须在泥坝上颠簸两三日才能到达北京。由此可知英军炮艇要抵达此处并不容易。他们不仅要在海上颠来簸去，同时还需迎击敌军的炮火。从炮台内侧向外看，会发现用两头削尖的竹片围成的栅栏，这些栅栏将疯长的芦苇紧紧聚拢起来，颇具特色，不禁令人好奇。海河蜿蜒曲折。为避让河水，一天三班开往天津的火车经常延误。顺便一提，天津的标志性建筑是一座法国天主教大教堂的塔楼及正立面遗迹，该建筑于 1870 年遭受攻击而损毁。此外，天津目前广为人知，主要是因为政治家李鸿章的府邸位于此处。李鸿章曾经受到伦敦人的热烈欢迎。如今由于事态无望和平解决，清朝朝廷委派李鸿章向列强求和。

---

[1] 寇松（George Nathaniel Curzon，1859—1925），英国政治家。1898 年至 1905 年任印度总督。——译者注

无论是骑行 80 英里，还是乘坐客船，悠闲的旅行者从天津至北京只需两日光景。甫一接近北京城城墙，入目是一片冲积土，周边作物生机勃勃。北京城城墙天下闻名，高度及宽度均约 50 英尺，将整座城围成一个周长为 20 多英里的长方形。城门对城中安全起到重要防护作用，若无敌军攻击，各城门仍旧遵循朝开夕闭的惯例。如本报后面插图所示，主城门洞开，以供士兵进入。城墙之内即是北京城。北京城由四部分构成，分别是外城、内城、皇城及紫禁城。紫禁城即皇帝居所。寇松称，对 3.5 亿中国人而言，皇帝即天子；而对洋人而言，皇帝仅仅是一个神秘的先知而已。

过去两周，北京城中各国公使馆的遭遇相当惊心动魄。公使馆并不是像人们所说的位于外城，而是位于内城，内城外有现存最为牢固的城墙保护。所有的公使馆中，英国使馆尤其重要。该使馆占地 3 英亩[1]，曾经是亲王的府邸，如今已完美符合欧洲的生活方式。使馆中，工作人员拥有各自独立的住所，消防车库房、军械库房、医护室，一应俱全。此外，正如众人所想，还配有保龄球馆、网球场及其他 5 座球场。庚子事变之初，为了保护法国公使馆和四处可见的法国传教士，巴黎方面已向清朝政府发出强势有力的官方通告，同时法军向清朝水域派遣旗舰示威，饱含威胁意味。

天津风景别致，守卫却不堪一击，众人推测它甚至难以抵挡金伯利[2]产的非触发式炸弹的袭击，而这些炸弹只是雕虫小技而已。大教堂是典型的哥特式建筑，使人很容易联想到米兰。尽管皇家青睐这种建筑风格，特许其建在皇城内，但目前已遭焚毁。该建筑两侧分别建有一座皇家亭阁，足以证明其在 1888 年时深受皇家喜爱，而在慈禧太后心中，这种喜爱已不复存在。在后文的一张插图中，巡抚奉慈禧太后旨意向众人宣读诏令，谴责过度排外，而此举显然有违她的本意。

---

[1] 1 英亩≈6.07 亩。——译者注

[2] 南非开普敦省城市。——译者注

英国二级双桨螺旋巡洋舰“狂怒”号（Furious）奉命前往中国海域，其排水量为5750吨。

英国一级双桨螺旋巡洋舰“王冠”号（Diadem）奉命前往中国海域，其排水量为11000吨。

英国一级装甲双桨螺旋战舰“巨人”号（Goliath）奉命前往中国海域，其排水量为12950吨。

毕盛

S.PICHON

当前，法国政府尤其担心其驻清朝特命全权公使毕盛。毕盛一直与窦纳乐交好。窦纳乐于 1896 年前往中国，毕盛随后于 1897 年抵京。毕盛跟前任驻华公使施阿兰[1]一样主张公使馆内只聘用法国人。北京城中不少地方安闲舒适，其中一片区域被称为“使馆区”。毕盛多年来四海为家，如今年近中年的他在使馆区中却仿佛置身巴黎一隅。他热衷收藏清朝古玩及绣品。菲利·福尔（Felix Faure）担任总统期间，使用其部分设计精巧且价值昂贵的藏品点缀爱丽舍宫。另法国使馆内的厨师烹饪技艺冠绝京城。

我们现在得到的与清朝有关的信息大多模棱两可。即便是义和团的起源这个问题，学者们也存在分歧：部分学者认为义和团应该源自于某些政客，早在 18 世纪，这些政客就将健体拳与政治活动相结合；另有部分学者认为，“义和拳”这一说法源于人们混淆汉字“团”与“拳”的中文发音。

法国驻华公使毕盛。奥热罗（Ogerau）拍摄于巴黎。

[1] 施阿兰（Auguste Gerard，1852—1922），1894 年 3 月至 1897 年 7 月任法国驻华公使。——译者注

中国的印度军队

INDIAN TROOPS IN CHINA

中国香港素有“东方直布罗陀”之称。近日一批驻港军队由此向天津进发。这支军队由皇家威尔士燧发枪团 300 人与印度军团士兵 900 人构成。下图中可以看到身穿红色制服和卡其色制服的普通士兵，以及一队手持军旗的军团警卫队——这些相片由罗便臣[1]拍摄。这支部队隶属第 45 锡克步兵团，指挥官是雷塔利克（Retallick）中校。雷塔利克中校今年 43 岁，1880 年曾参与对阿富汗的战争，因表现英勇荣获表彰，并获得驻外机会。

积极参战的驻港军队——身穿卡其色制服的印度士兵。

[1] 罗便臣（William Robinson），英国官员。1891 年出任香港总督。——译者注

上图 | 手持军旗的军团警卫队，左侧第一人是雷塔利克中校。罗便臣摄于 1895 年。

下图 | 驻港军队——身穿红色制服的印度士兵。

北京景色

SCENES IN PEKING

右图 | 北京西什库教堂内部。
下图 | 毗邻北京西什库教堂的传教士住所。

上图 | 法国公使馆入口。
下图 | 北京西什库教堂（在庚子事变期间被焚毁）正面，建筑两侧分别建有一座皇家亭阁。

庚子事变

THE CRISIS IN CHINA

极有可能成为义和团新成员的清朝士兵。

一队使用原始的中国兵器的弓箭手。

典型的中国村堡。来自利特尔汉普顿（Littlehampton）的爱德华兹（Edwards）拍摄。

天津。

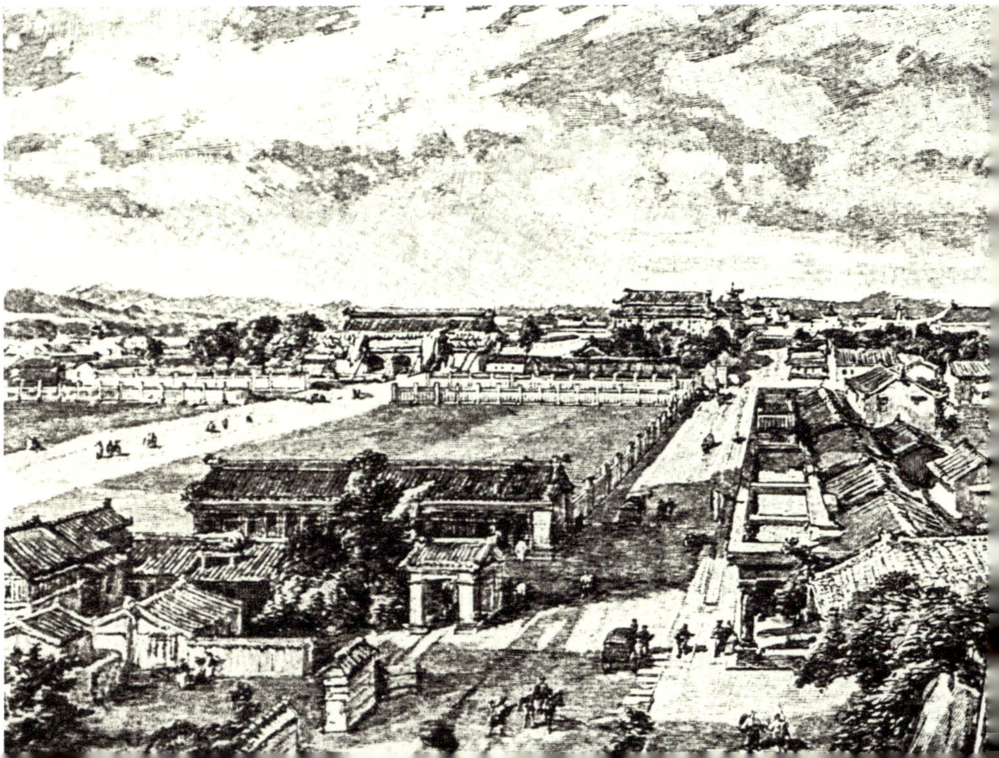
北京紫禁城。

上图 | 天津戏院。

下图 | 北京紫禁城护城河。河左岸宫殿中的皇帝实际上与囚犯无异。

清朝官员在道台或巡抚衙门前宣读朝廷诏令。

上图 | 大沽炮台海域中的法国旗舰“昂特勒卡斯托”号（D’Entrecasteaux）。
下图 | 炮击天津时的城内街头。

大沽炮台内侧景象，其于6月17日被联军占领。

北京西直门。

上图｜50 年前，道光皇帝（1850 年去世）在检阅卫队。
下图｜北京皇家花园。

JULY 7 1900 ◆ THE ILLUSTRATED LONDON NEWS ◆ SATURDAY，No.3194
1900 年 7 月 7 日 伦敦新闻画报 星期六 第 3194 期

庚子事变

THE CRISIS IN CHINA

历时三周的紧张不安，北京使馆区及周边地区的危险等级已有所下降，但截至本文付梓时，北京的形势依然十分紧张。随着时间的流逝，很多流言已有定论——这些往往都是可怕的消息；另外一些则是空穴来风，而这些却往往是与和平有关的消息。比如，西摩尔司令并没有像流言所说的那样进驻北京。而一开始人们对德国驻华公使遇害的消息还持怀疑的态度，后来却得到证实。其实早在 6 月 18 日就开始流传 47 岁的德国驻华公使克林德在前往总理衙门抗议的路上被杀的消息。消息得到证实后，德国上下群情激愤。德国人认为，事关国家荣誉，德国将不惜一切代价，联合其他大国一起解决争端。德意志皇帝在为一支海军分遣队饯行时发表了慷慨激昂的演讲，接下来他还将派遣一个旅的士兵前往清朝。

据说截至 6 月 25 日，只有德、英、法三国的使馆完好无损。还有传言说，其他国家公使团的公使与工作人员已经前往英国公使馆避难。即便如此，情况依然紧急，赫德于 6 月 24 日来信请求军队的救援。他写道：“情况不妙，十万火急！”

要是西摩尔司令率领的援军在此之前就可以赶到的话，那倒真可以让人松一口气。各国援军从 6 处军营匆匆赶来，在占领天津租界后，向北京进发，不过在距离北京不足 25 英里的地方，遭到了清军的正面迎击，不得不撤回到天津。日本有距离上的优势，可以在最短的时间内部署军队，他们也愿意这样做——条件是希望 5 年前与欧陆国家达成的外交协议能够自动延期。英国不会在无关紧要的和谈上踌躇不前，更不会通过繁文缛节限制援军向前推进。

摧毁大沽炮台、占领天津，让人回想起了 41 年前的那场战争。当时海军司令贺布（Hope）进军海河，发现毁于 1858 年的炮台重新得到修理，英国的炮舰被链条、木桩等障碍物所困，无法驶进河道。贺布派人前往天津向清朝官员发出警告，但是

杜瓦德（Dorward）上校在伦经道（Lun King Tao）的办公室。贝赫奕（Harry Price）拍摄。

美国驻华使馆，目前已被烧毁。

对方并没有回应。沿岸的清朝人承诺会将河床清理干净，但也没能兑现诺言。随后，炮台守军率先向英军开火，击沉了“茶隼”号（Kestrel），炸毁了“庇护”号（Lee），贺布身受重伤。英军分遣队随后展开反击，使清军的炮台沉寂了下来——但没有彻底摧毁它们。如今，历史再度重演，威力十足的炮台不断朝着登陆部队开火，造成 64 名军官士兵死亡，其余人被迫撤退。近期的作战行动同样有得有失，这就是这类纷争决不能再次发生的重要原因。光绪皇帝与慈禧太后似乎已经逃离北京。如果流言非虚，那么就能少点麻烦了，联军可能会大获全胜。如果他们还没走，那他们也一定会走；由谁取代他们，将会是摆在外交使团前面最棘手的问题。

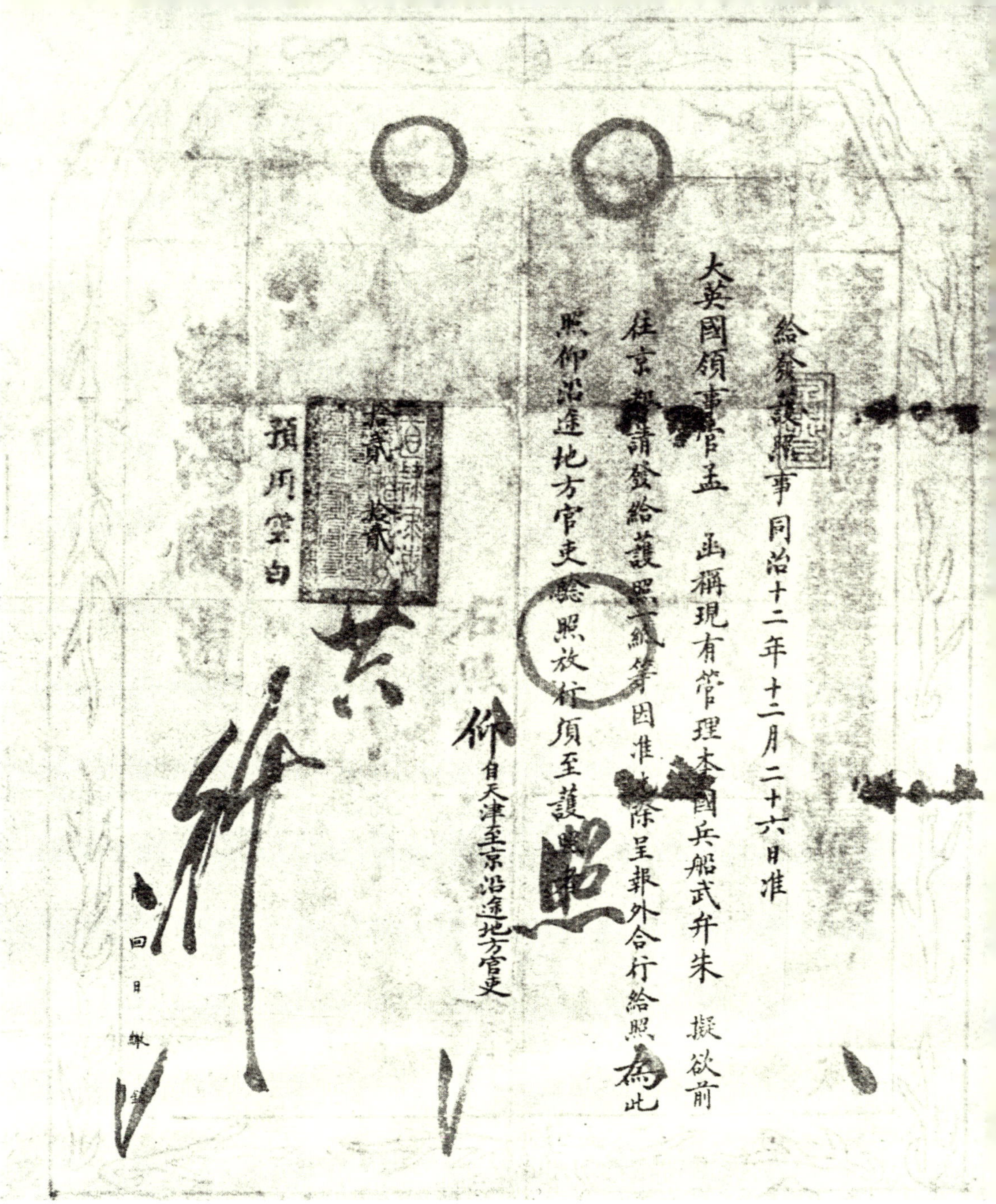

給發護照事同治十二年十二月二十六日准
大英國領事官孟　函稱現有管理本國兵船武弁朱　擬欲前
往京都請發給護照一紙等因准此除呈報外合行給照為此
照仰沿途地方官吏驗照放行須至護照者
仰自天津至京沿途地方官吏
預所堂白
回日繳銷

李鸿章签发的清朝护照。文书需从右至左读，印章背面有签发官员的职衔与姓名。

清朝的迷信：在武圣庙门前祈福

CHINESE SUPERSTITION: INVOKING THE GOD OF WAR AT THE GATE OF HIS SHRINE

武圣庙在和平年代门可罗雀，战时却熙熙攘攘。士兵与平民纷纷前来进贡、祈祷。庙门前挂着许多串鞭炮，鞭炮声震耳欲聋。人们相信喧闹与火药的气味能取悦武圣，使其庇佑信众，帮助他们取得胜利。此项仪式，和清朝的其他仪式一样隆重，然而民众并不虔敬。

右图 | 清朝的迷信：在武圣庙门前祈福。

大沽炮台

THE TAKU FORTS

1859 年英法联军进攻大沽炮台时的平面图。

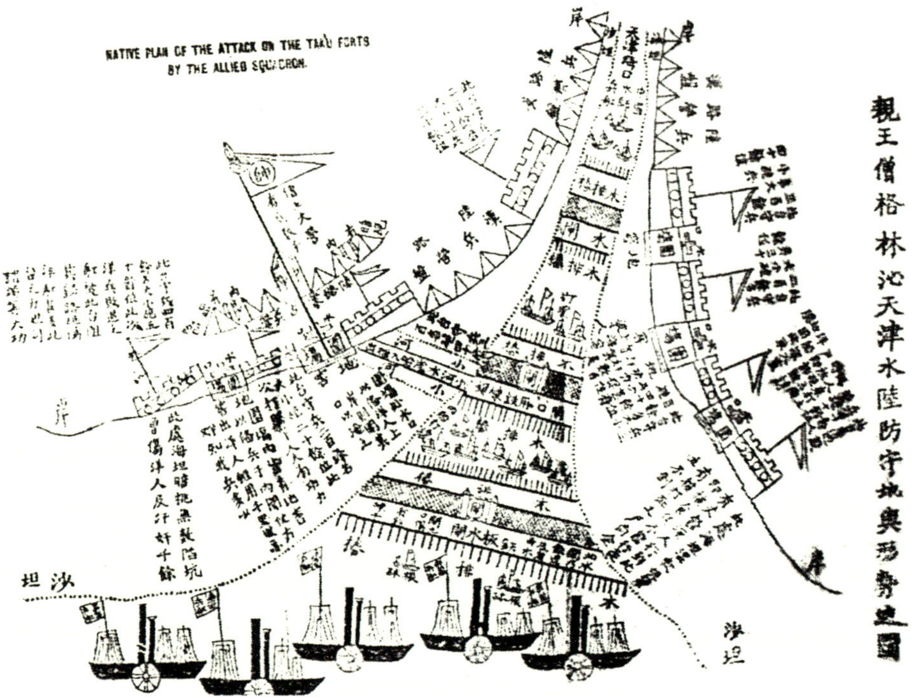

1860 年大沽炮台内部。

1859 年被英法联军攻占后的大沽炮台。

1859 年被攻击后的大沽炮台。插在地上的围栏是用裂开的、两端尖利的竹子制成的。

女性篇章

LADIES' PAGE

美国报纸曾刊发了一篇对清朝皇太后的真实“采访”，采访者是俄国驻华公使的女儿格尔思小姐（Mdllede Giers）。这位清朝女性并没有与生俱来的统治资格，她甚至不是现任皇帝的生母。她能在这片女性往往被忽视、不受尊重的土地上长期掌权，的确是个奇迹，想必人们一定会对她的真实信息产生浓厚兴趣。格尔思小姐说慈禧太后可以通过翻译自由地高谈阔论，她似乎非常熟悉欧美女性的社会地位。慈禧太后说，中国女性完全有自由与男性在任何岗位上一较高下，但结果却往往不尽如女性之意。她认为女性权利的支持者应该在这一方面上多做些事情。中国女性不仅要承担繁重的体力劳动，还需要满足丈夫的许多需求。“经济与社会的双重因素使得女性的地位很低下，她们只能逐渐获得解放，”皇太后补充道，“但这只是时间的问题。”她赠送给各国公使夫人每人一枚珍珠戒指，并向她们展示自己也戴着一枚类似的戒指，这表示她们情同姐妹。“因为我知道，我们都心系天下，希望身边的世界更美好、更合理。我知道诸位都有用武之地，我自己也是如此。虽然我上了年纪，但我希望数年之内我还可以处理好这些事情。”无论如何，希望在这场危机中，她可以设法利用自己的力量保护好在北京的那些欧洲女性。

这场“采访”没有涉及任何实质性的问题——慈禧太后如何攫取并维系个人权

清朝皇太后。

力。儒家和很多宗教一样，认为妇女地位低人一等。在芝加哥举行的世界宗教大会（Congress on Religions）上，清朝的官方代表当众表示，儒家关于社会责任的书中，有一篇文章专门提到“如何将女性限定在特定的范围以内”；他宣称，基督教传教活动之所以应者寥寥，就是因为他们不遗余力地强调女性的个性，而清朝人却认为女性没有任何个体权利，必须且只能向她的丈夫学习、相信他说的话、做他认可的事情。在清朝，妇女的地位是如此低下，以致家里的妇女犯了错，她的丈夫也会受到惩罚！女性不能进行祭祀，不能公开向祖先烧香，而哪怕是最谦卑的男性也拥有上述权利。如果一位女性“亵渎神明”（那位发言人是这样说的），那么不是她自己，而是她的丈夫会受到责打。这位儒家发言人宣称，试图使清朝女性信仰基督教，以及诱导清朝男性基督徒不再向本土的宗教仪式支付相关费用，这两种行为使得外国传教士受到人们的憎恨，甚至有可能发生人身危险。清朝人对于传教活动本身并没有异议，但是如果传教活动与上述两种行为扯上关系，那么就会很危险。

清朝妇女不能和男性一块儿用餐，甚至慈禧太后本人也和很多女孩一样，被父亲按照习俗卖与他人为奴。[1] 在清朝，父亲完全不把女孩视为他的后代，如果家里只有女孩，他就会说自己无嗣。那么，在这样的国家里，一位女性是如何攫取并维系最高权力的呢？

慈禧太后是满族人，没有裹过脚，这是因为满族没有这样残酷的风俗。她的家庭无法提供给她支持，其出身也不高贵。小时候，当长辈让她挑选一件女孩子喜欢的东西时，她却发自内心地希望能够上学读书；然而，大多数的清朝女孩享受不到她受过的教育。虽然很多清朝女孩现在依然无法阅读与写字，但是与慈禧太后年轻的时候相比情况有所好转。这是因为除了传教士，清朝人也开办了一些完全本土的女校。据负责基督日校的传教士所说，仅广州，自教会学校开办以来，清朝人在当地创办的本土女校便不下 13 所。同样是在广州，清朝人还尝试让女性（当然是本地人）教导小一点的男孩。“新式学校已经蔚为盛行，中国一向重视男孩的教育，从长远来看，谁又能知道此项措施的影响会有多大呢？”

---

[1] 此处与史实不符。西方社会曾流传着这么一个说法，慈禧太后出身贫寒，大灾之年被父亲卖予高官为奴。后来，高官将其作为礼物送给咸丰皇帝。——译者注

清朝海域上的“可怖”号巡洋舰

IN CHINESE WATERS: H.M.S. “TERRIBLE”

清朝海域上的“可怖”号巡洋舰。“可怖”号载有 382 名威尔士近卫团第二营官兵，他们参与了占领天津租界的战斗。克里布摄于南海。

JULY 14 1900 ◆ THE ILLUSTRATED LONDON NEWS ◆ SATURDAY，No.3195
1900 年 7 月 14 日 伦敦新闻画报 星期六 第 3195 期

天津之景

SCENES AT TIENTSIN

火车站的清军。他们接受过现代化训练，并配有新式装备。

罪犯的头颅被放在河边竹筐里用于震慑坏人。

天津法国租界里的街道。领事馆全部位于这片有着独特欧式风貌的外国人居住区。

清朝的冬景与夏景

WINTER AND SUMMER SCENES IN CHINA

海河封冻后行驶于河面上的“冰船”。海河自 12 月中旬至第二年 3 月中旬封冻，众多物资都使用各种雪橇运输。欧洲人也喜欢进行滑冰比赛。

北京德国公使馆。最高级别的官员出行时仍乘坐轿子。

远东服役的德国战舰

GERMAN WAR-SHIPS ON EASTERN SERVICE

“雪花”号（Yetis）巡洋舰，现在位于大沽。汉斯·布鲁尔（Hans Breuer）拍摄于汉堡。

“俾斯麦侯爵”号（Furst Bismarck）巡洋舰，正驶往清朝。汉斯·布鲁尔拍摄于汉堡。

动荡不安的京城

THE DISTURBED IMPERIAL CAPITAL

北京城可以分成四部分：宫城、皇城、内城、外城。宫城坐落在皇城中；皇城坐落在内城中；内城南部与外城北部共用一段城墙。四周城墙高大，总长达 26.67 英里。高大的城墙无论是高度还是宽度都极其宏伟。内城也被称为满城，城墙的平均高度为 50 英尺，北部某些地方的城墙高达 60 英尺，其厚度在 22—57 英尺之间。外城的城墙平均高 30 英尺、厚 15 英尺。内部城墙习惯建在斜坡上面，使得地基与顶部差异巨大，有些地方地基比顶部厚 10—15 英尺。墙外有一条护城河，挖河获得的泥土用于填充城墙内外花岗岩之间的缝隙。对于进犯之敌来说，北京城可谓是固若金汤。内城最核心的部分是宫城，又被称为紫禁城，外人不得擅入。外面环绕着一组建筑群，居住在此的主要是达官显贵，因此，又被称为皇城。内城的街道和建筑在各方面均

一处衙门内景。

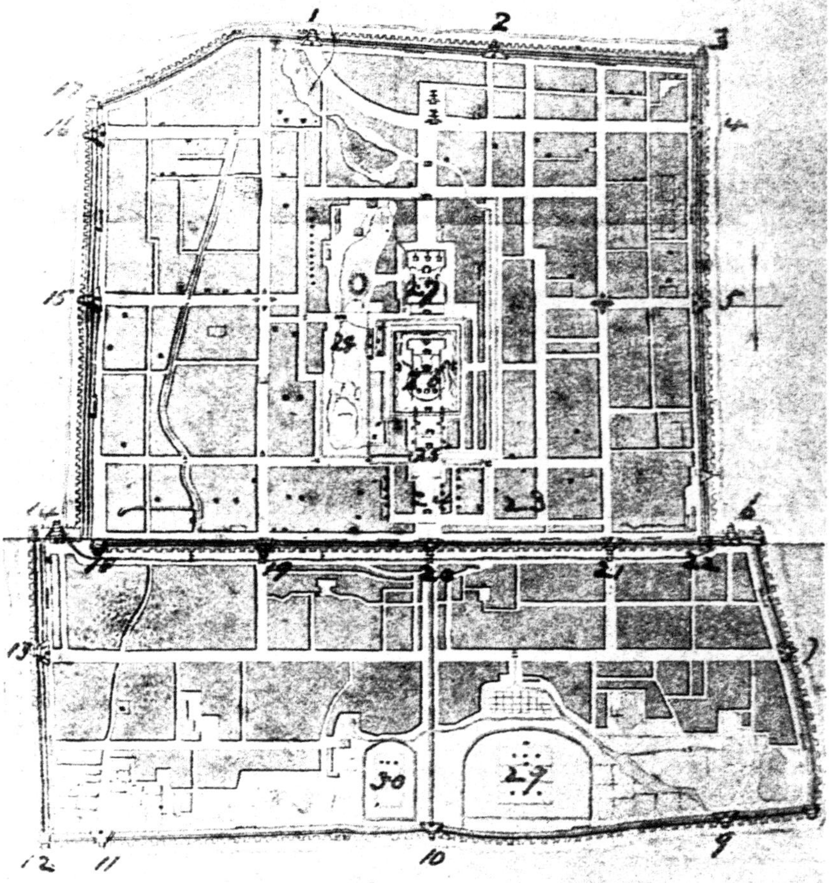

北京城平面图。

超过底层人民居住的外城。内城有九座城门，也被称为四九城，不过其更正式的名字是顺天府。其中，内城与外城共用三座城门，外城共有七座城门。

很早以前，此处或邻近就建有城池。很多学者指出，早在公元前 1000 年前后，此处就建有城池，但具体历史已经无从考证。如今的北京城的布局可以追溯至忽必烈时代。这座由砖石砂浆建造而成的城市完全是军营的翻版。1644 年满族入主中原后，内城和外城之间的差别越来越大。城内道路路况很差，几乎不可能在城中漫步。骑马或乘坐北京马车（一种奇特的无弹簧的木车）是仅有的出行方式，因为在北京城，只有高级官员才能乘坐轿子。按照行规，轿夫们不接受欧洲人的雇用。以下对一条主街的描述出自寇松笔下，可以大体印证下页插图：

道路中间高，两侧是低洼的沟渠。沟渠里挤满了摊贩，使得道路变得狭窄

北京街景。

不堪。透过空中飞扬的尘土，我们能看到精美绝伦的柱子、闪闪发光的布告栏、精雕细刻的木制装饰及随风飞舞的横幅与灯笼——店铺的门脸与广告，沿着两边平行的城墙构成了一条长长的街景。

自从清朝开始与外国交往，便设立了外交部门——总理衙门[1]。虽然理论上清朝的政治体制完美无缺，实际上现在地方督抚已经不再听命于中央，而各级官员由于俸禄太低，不得不贪腐，收受贿赂。

---

[1] 此处有误，总理衙门是 1861 年建立。——译者注

京师

OFFICIAL PEKING

清朝的外交事务向来棘手。不单清朝官员不愿与外国使团人员来往，外务部——这个刚筹建的外交部门——也不希望与他们有任何公务或私下的往来。第二次鸦片战争之后，咸丰皇帝批准恭亲王建立了专门与这些不速之客打交道的机构——总理衙门。从此之后，礼部卸任了所有外国事务。礼部曾专门处理藩国与独立国家，理论上清朝人认为的与所有外部世界的关系。那场战争改变了之后的历史走向。总理衙门约有 10 位主理官员，他们是外国公使与清朝政府交流的中间机构，往往还兼任着其他繁重的公务。他们围坐在摆放着果脯而不是蓝皮书的桌子旁接待外使，倾听外国代表们讲话。当他们觉得使臣的要求无法接受时，便自顾自地吃起果脯。当然有时候，

清朝的外务部门：总理衙门。

英国驻华公使窦纳乐。汤姆逊（Thomson）拍摄。

他们会因为过于兴奋而忘记吃这些东西。巴夏礼（Henry Parkes）公使说："在总理衙门，他们的 8 或 10 个负责人总喜欢一起发言。如果对方提出异议，他们便只是重复之前说的话语。从某种程度上来说，这项工作考验的是身体耐力。如果你身体状况不佳，可能很难应付。"那些郁郁寡欢的外交官也没能大饱口福，享用到美味的果脯。

这个机构自然有一支翻译队伍助阵。据巴夏礼的描述，当所有官员一起说话时，翻译的工作肯定会有些难办，因此交涉"顺利"推迟。正如巴夏礼所言，让总理衙门做决定就像是竹篮打水。总理衙门有自己的运作之道与技巧，也有自己的盘算。盘算之一是离间各国的关系，因此英法联军不可能再次攻占北京、洗劫圆明园。然而，不可能的事情有时候也会发生，联军的军事行动最后势必导致清朝分崩离析。

如果说与总理衙门会晤的困难与推延几乎是不可避免的，那么通过谒见皇帝解决争端则更不可能。即使是皇帝自己的子民也无法见到他。他是3.5亿臣民的天子，但这些人从来没有见过他。当他走出皇宫祭拜天地时，会有人清街，家家户户大门紧闭，商店也被迫关闭。对外来的陌生人则会采用另外一套规则。皇帝是普天之下的统治者，也许会欣然接受谒见的请求，接见那些愿意向他磕头的外国人。首位谒见清朝皇帝的英国使臣是1793年使华的马戛尔尼。他应该如何行礼的问题曾引起了巨大争议。他同意磕头，但条件是清朝官员应该向乔治三世的画像行同样的礼节。这一提议遭到拒绝，于是双方进行了一番妥协。据传这位英国代表最终还是磕了头。1816年，第二任英国使臣阿美士德成功地躲过了磕头仪式，因为他根本就没有去见皇帝。

直到1860年的战争之后才有新的外交礼仪。根据当时的条约，英国使节不必进行任何表现清朝的地位高于英国的仪式。

窦纳乐夫人。汤姆逊拍摄。

清军士兵与军官。

驻华公使窦纳乐上任 4 年以来，以自己的判断和行动，打消了英国同胞最初对他的不信任。窦纳乐出生于 1852 年，和他的父亲麦克唐纳（J. D. MacDonald）少校一样都是一名优秀的军人。窦纳乐先后在阿宾汉姆中学和桑赫斯特皇家军事学院学习，于 1872 年进入英国第 74 高地步兵团，10 年后参加了英国—埃及战争，获得少校军衔。1884—1885 年他作为志愿兵，与第 42 高地步兵团一起参加了英国—苏丹战争。在此期间，他担任了 5 年英国驻埃及使馆武官，之后在桑吉巴[1]担任临时代办与总领事。1898 年，窦纳乐获得巴斯爵级司令勋章（K. C. B.），并与凯恩斯·阿姆斯特朗（W. Cairns Armstrong）中校的女儿埃塞尔（Ethel）结婚。

[1] 印度洋西部的岛屿，1890 年成为英国殖民地。——译者注

北京外交

DIPLOMATIC PEKING

意大利公使馆，据报道已被毁坏。图中是负责守卫使馆的清军士兵。

法国公使馆。据报道，截至7月4日其依然安然无恙。

皇城之景

SCENES IN THE IMPERIAL CAPITAL

英国公使馆一等秘书的住处。

北京送葬的队伍。

在一处军事哨所登记入伍的义和团

"BOXERS" ENROLLING AT A MILITARY POST

在清朝的道路两旁，可以见到很多军事哨所。在和平年代，这些哨所往往只驻扎着 10—15 名士兵。哨所附近有一座高耸的瞭望台。紧急情况时，砖和石膏砌成的圆锥形建筑上会点起火，向下一个哨所示警。节庆时也会使用它们。义和团就是在这里登记宣誓，接受半军事化整编。一位清军军官在桌旁主持。从他头上方的华盖可以看出，他的身份相当尊贵。

右图 | 在一处军事哨所登记入伍的义和团成员。

奉天景象

THE SCENE OF MUKDEN

主要街道。

教会医院，自南向北拍摄。

神学院学生。

教会医院。

教会医院内部。

本报在中国的特约画家

OUR SPECIAL ARTIST IN CHINA

为了报道清朝的战事，《伦敦新闻画报》特派著名战地画家约翰·舍恩伯格（John Schönberg）准备前往远东，此前他已经报道过世界各地的众多战役。舍恩伯格今年 56 岁，出生于维也纳，分别在故乡与慕尼黑接受艺术教育，师承皮罗提（Piloti）。1866 年普奥战争期间，舍恩伯格为《伦敦新闻画报》创作了第一批记录战争场面的画作。此外，他还参与报道了其他著名事件，如 1876—1877 年的塞尔维亚—土耳其战争、1877—1878 年的俄土战争、1879 年塞格德[1]的洪水、1882 年英军远征埃及、1885 年塞尔维亚—保加利亚战争、1892 年汉堡爆发霍乱。罗马尼亚皇太子结婚时，他在马林根（Sigmaringen），受到国王的邀请前往布达佩斯出席官方的接待仪式。1877 年，当时的罗马尼亚王子对舍恩伯格的作品表现出了浓厚的兴趣。后来，画家多次奉命前往布加勒斯特为已是国王的王子的画廊创作画作。此后的十七八年间他都不曾缺席王国的接见活动。

不久前约翰·舍恩伯格刚从德兰士瓦战场上带伤归来。由于在战争报道中的杰出贡献，他荣获许多奖章。当本刊聘请他前往清朝的时候，他正在维也纳。“这不一样。”几年前接受采访时，他将身在战场与身在霍乱中的汉堡做了一番比较：“身处战场，虽然有可能被枪弹击中，但你和身边的人至少还可以为自己的生命而战；然而看见手无寸铁的人们被无形的敌人带走，死者脸色惊人地苍白，容貌因痛苦而扭曲，一个人即便可以适应恐怖的战争，也承受不了眼前的景象。”舍恩伯格的画作中不是寻常的战争场景，而是些挣扎着的人与马。他更喜欢处理一些重大战役里的悲剧场面，他取得的成功表明他的目标是正确的。最近他奉罗马尼亚的查理国王之命，刚完成一批大型的战争画作。其中一幅作品生动地展现了猛攻普列文要塞这一历史事件。

可以设想，他的经历肯定丰富多彩。但是，说到令他印象最为深刻的一件事，恐怕就是 1877 年普列文战役前的一个小插曲。双方在一番惨烈的战斗之后，天色已经很晚了，我们的艺术家正坐在安基列斯柯（Angelesco）上校的帐篷里写生。这时

[1] 匈牙利东南部城市，琼格拉德州首府。——译者注

本报前往中国的特约画家约翰·舍恩伯格先生。

罗马尼亚的军医处处长告诉艺术家应该乘车赶往乌列卡（Uleca），在他的帐篷里作画，同时建议艺术家和一些伤员一同前往。和罗马尼亚的一支军队同行了 2.5 小时之后，舍恩伯格发现自己跟错了部队，此刻距离他要去的地方有数英里远。他独自返回，发现自己来到了土耳其军队的哨岗前。他在两军之间的前线地带足足待了半小时，才回到朋友们的身边。

一位清朝女性的脚

A CHINESE LADY'S FOOT

清朝上层社会的汉族女性自幼年起就要裹脚，阻止其正常发育。成年女性的脚还没有孩子的大。这种残忍的习俗使她们的脚严重畸形。

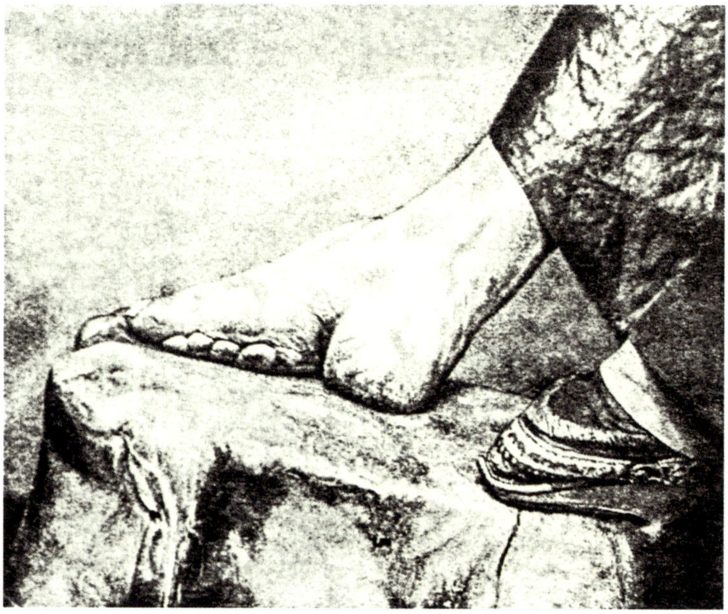

一位清朝女性的脚。

JULY 21 1900 ◆ THE ILLUSTRATED LONDON NEWS ◆ SATURDAY，No.3196
1900 年 7 月 21 日 伦敦新闻画报 星期六 第 3196 期

清朝局势

THE SITUATION IN CHINA

自从 7 月 9 日以来，在天津发生了 4 次战斗。其中，联军（约 2 万人）取得了 3 次战斗的胜利，另一次遭到了沉重打击。7 月 9 日，一支联军攻击天津西南方的清军，最终攻占了 7 处炮台。11 日早晨，清军猛攻英军、法军与日军负责戍卫的火车站，遭受重创。7 月 13 日，联军进攻天津城。经过一天的激战，虽然损失重大，但仍无法进城。7 月 14 日，联军重新发动进攻。截至发稿时，天津城及其城防工事已经落入联军手中，不过，在 7 月 12—14 日的战斗中，联军共伤亡 800 余人，清朝大炮的射击精确度和效率都非常高。

当日军准备向北京挺进、欧洲各国忙于组织和分派援军时，盖斯利（Gaselee）将军统帅的约 1 万印度士兵正陆续赶来，有几支分队已到达登陆点。另外，还有 1 个师整装待发，其中包括英国 4 个步兵营与 3 支野战炮兵连。一旦战事扩大，在强大的英国海军中国舰队[1]（The China station）的支持下，这两支军队将会为这场划时代战争发挥重要作用。

发自一位战地记者

[1] 即英国海军常驻远东地区的舰队，成立于 1864 年。——译者注

可能在北京遇害的人们

PROBABLE VICTIMS OF THE MASSACRE AT PEKING

意大利公使萨尔瓦葛。1866 年生于日内瓦，曾在马德里与圣彼得堡担任使馆专员，1899 年以特命全权公使的身份前往北京。

美国公使康格。1847 年生于伊利诺伊，参加过美国内战，之后奉命前往巴尔（Bar）。康格曾担任国会议员与驻巴西大使。

已故的德国公使克林德。6 月 18 日，在前往总理衙门的途中被清军士兵杀害。初到清朝时，他只是一名翻译。他也曾在柏林、丹吉尔、华盛顿工作过。

清朝海关总税务司赫德。出生于1834年，20岁时来到中国。赫德非常了解清朝，他始终认为慈禧太后有能力镇压排外势力。

奥地利“岑塔”号(Zenta)战舰舰长冯·托曼(Von Thomann)。冯·托曼舰长出于好奇护送奥地利分队来到北京。他现年44岁，已婚，有一个8岁的女儿。

清朝海关总理文案税务司白莱喜(James Russell Brazier)。白莱喜是阿伯丁大学已故的布雷热(Brazier)教授的儿子，曾在清朝担任公职多年。他的妻子、孩子与妹妹都在北京。

一等中文助理秘书柯韪良(W. P. Ker)。柯韪良是德斯克福德(Deskford, N. B.)已故的克尔牧师的儿子。1897年，他晋升为领事馆一等中文助理秘书；1898年任苏州领事。他在上海也任过职。

伦敦会的石牧师（J. Stonehouse）。他的夫人与两名孩子也在北京。

伦敦会的史密斯（G. L. Smith）小姐。

伦敦会的诗斯通（E. E. Shilston）小姐。她来自泰恩河上的纽卡斯尔（Newcastle-on-Tyne），现年 26 岁。

伦敦会的毕金（T. Biggin, M. A.）牧师。毕金牧师是阿勒代斯（Allardyce）的继任者，1871 年出生于史丹佛。在牛津大学的第二年，他选择投身于传教，后就读于曼斯菲尔德学院。

苏格兰圣经会的莫维廉（W. H. Murray）牧师。莫维廉1864年5月加入苏格兰圣经会；1871年前往中国，一直在北京担任圣经会代表。

北京的医疗传教士莉莉·萨维尔（Lily E. V. Saville，M. D.）小姐。萨维尔小姐是东萨塞克斯郡莱依镇（Rye）萨维尔（A. T. Saville）牧师的女儿，曾在伦敦医学院求学，后在布鲁塞尔取得学位。她自1895年起便任此职。

清朝海关副总税务司裴式楷（R. E. Bredon）。裴式楷先后在汉口、广州的海关任职。两年前曾返回家乡，打算退休，后接受了副总税务司的职位。

裴式楷夫人。裴式楷夫妇和女儿都在北京。裴式楷夫人名叫莉莉·弗吉尼亚，她是来自旧金山的托马斯·可雷因·班克斯的小女儿。

庚子事变

THE CHINESE CRISIS

图中远处的房屋曾是一座中式宫殿，在过去的 5 年间是窦纳乐夫妇及两个孩子的居所。北京其他驻华公使馆内的所有人员及在北京城的所有外国人（据不同估算，大约有 400—1000 名）聚集于此。5 年前欧格讷（Nicholas O'Connor）爵士退休之后，窦纳乐接任驻华公使的职位。窦纳乐夫人之前做过学徒，曾经守过寡，并且失去了孩子。她的前夫克雷吉・罗伯逊（Craigie Robertson）在印度服役。他们的两个孩子因罹患霍乱在同一天去世。

我们尚不能断言还有哪些欧洲使团的成员遇害。德国使馆工作人员葛尔士（Von de Golz）之前说过，所有公使馆的夫人都自备了毒药。一位战地记者记录了激烈的天津之战。即使是德国俱乐部也暂停了娱乐活动。这是所有外国人的乐园，英国人也经常流连于此。不难想象墙内的人们是如何不分昼夜地召开军事会议并赶制保卫自己的武器的。

大沽的外国租界一角，最前面是沃茨的所住。他是一名领航员，也是詹姆士・沃茨的父亲。正是詹姆士・沃茨冲破清军防线，将消息带给了位于大沽的西摩尔司令。爱德华兹拍摄。

北京的教会建筑

MISSION BUILDING IN PEKING

伦敦会在北京的医院位于北京内城主干道之一——哈德门大街上。如下图所示，其入口处有两个高高的杆子。在距离医院 4 英里的西城有一间药房，由一名当地的店员照看。这些机构做了许多很有意义的事情。38 年前，雒魏林 [1] 医生创办了协和

北京伦敦会医院的入口。照片由贝德福德（J. R. Bedford）提供。

[1] 雒魏林（William Lockhart，1811—1896），英国伦敦会医生，1838 年来华，仁济医院、协和医院的开创者。——译者注

北京西城的伦敦会礼拜堂。[1] 贝德福德提供照片。

医院（Peking Hospital），这是华北地区第一家西式医院。在如此尊老敬老的国度，这一举措意义非凡。医院能够接纳 43 名病人，当然也有很多门诊病人。伦敦会在北京有两处礼拜堂，分别位于西城和东城。上图展示了西城礼拜堂的美丽景色。这座礼拜堂建于 1889 年，造价在 500 英镑至 600 英镑之间。直到最近的战事爆发前，石牧师一直都是负责此地事务的高级传教士。西城是满族人聚集的地方。除礼拜堂之外，这里还有——或者说曾经还有，因为尚不得知它们是否依然存在——教会房屋及学校。

[1] 今缸瓦市教堂的前身。建于 1863 年，1900 年 6 月 13 日毁于战火。——译者注

英国在清朝的势力范围

THE BRITISH SPHERE OF INFLUENCE IN CHINA

英国或其他国家的“势力范围”或者说“利益范围”——目前外交界更青睐后面一种说法——可能是如今欧美各强国需要考虑的问题。目前各国已经下定决心重建清朝秩序，不惜一切代价争取财产与生命损失的赔偿。在清朝秩序得以恢复、各国获得赔偿之后，希望西方各国不要因利益的分配问题产生争吵。因为争吵一旦发生，不仅是英国，就连美国、日本、德国、俄国、法国及其他稍小的欧洲国家都会发现它们将被卷进纷繁复杂的局面里，这种局面就连最具想象力的小说家都无法驾驭。由于俄国、德国、法国三国干涉，日本被迫从辽东半岛撤离后，辽东半岛迅速落入俄国的手里，随之而来的还有德国抢占胶州湾，以及英国占领威海卫。

清朝最有涵养、高瞻远瞩、也最开明的政治家们正竭尽所能地结束当下的无政府状态。为了重塑秩序、恢复和平，他们成立了一个“临时政府”，李鸿章是其精神领袖。[1]不幸的是，“临时政府”内的信息交换非常困难，因为“临时政府”内的6位督抚大员分别位于清朝的不同地方。他们不可能当面沟通，唯一的交流工具便是电报或信函。电报局十分腐败，电文可能残破不全，甚至可能遭到人为破坏，这使得电文与发电之人的愿意截然相反。通过信函交流没有多大用处，因为距离遥远，耗时较长。因此，如果清朝的某些政治家勇于任事，不怕“摄政王”“独裁者”“调停者”或类似称谓的话，强烈建议西方各国与他们，或通过他们与清朝签订和平条约（因为我们现在的确是处于战争状态，因此还是称之为“和平条约”为妥）。凡是可以做出判断的人，都会支持普里查德·摩根（Prichard Morgan）的提议，即各国应该要求李鸿章暂时接管政权，直到新皇帝出现。目前在这样一个无政府状态下，很难期待李鸿章会挺身而出担此重任，除非他得到全世界支持自己的保证。

当秩序恢复、新皇帝即位后，我们接下来还要考虑势力范围，或是利益范围的问题。很明显，长江流域属于英国的势力范围。好像没有人能够说清楚“势力”或者“利益”的含义，届时，各国也不可能驻兵守卫，或是派警察保护自己在清朝的

---

[1]1900年6月，南方各省督抚与西方列强达成“东南互保”协议。——译者注

势力范围，我们不希望看到占领清朝地域的事情发生，我们希望清朝——或者至少说目前尚未被占领的地方——能够继续对世界开放通商。

本报另刊登了一些长江峡谷风景的速写。

长江宜昌河谷的山洞居民。

长江上游的一处煤矿入口。

宜昌峡谷中高耸的山峰（高于河流 1800 英尺）。

从内地前往沿海地区的义和团：运河闸门的中式替代物

"BOXERS" FROM THE INTERIOR TRAVELLING TOWARDS THE COAST: THE CHINESE SUBSTITUTE FOR CANAL LOCKS

清朝运河也被称为大运河，其将杭州和北京连接起来。大运河支流不计其数，流经数不胜数的城市、城镇与村庄，然后通过主河道连通清朝的广大地区。为了跨越两条水位不同的运河河段，人们特意修筑了 45 度左右的斜堤，通过一两台起锚机将船吊起，到达一定的高度之后便将船放入较低的运河里面。为了防止船上进太多水，人们在船头安装了一个柳条做的挡板。河流与运河是清朝名副其实的"高速公路"，来自内陆的义和团正沿着这些河道成群结队地涌向沿海城镇与外国租界。

右图 | 从内地前往沿海地区的义和团：运河闸门的中式替代物。

可能在北京遇害的人们

PROBABLE VICTIMS OF THE MASSACRE AT PEKING

窦纳乐夫妇的大女儿：艾薇·麦克唐纳（Ivy Macdonald），6岁。

窦纳乐夫妇的小女儿：斯特拉·麦克唐纳（Stella Macdonald），3岁。

天津的德国俱乐部

THE GERMAN CLUB, TIENTSIN

天津的德国俱乐部。

JULY 28 1900 ◆ THE ILLUSTRATED LONDON NEWS ◆ SATURDAY，No.3197
1900 年 7 月 28 日 伦敦新闻画报 星期六 第 3197 期

我们的插图

OUR ILLUSTATIONS

两周以来北京方面音讯全无，一个又一个的清晨没有只言片语的消息，就算有，也都是一些无法证实的消息。清朝驻英使馆做出了相当的保证。据北京来的一位外交官说，外国使团一切无恙。虽然过去的几周内，窦纳乐一点消息也没有发回来，但是窦纳乐目前安好。然而全世界一致认为，只有从窦纳乐本人发来的消息才能让人信服。这位外交官本周早些时候说，窦纳乐随时可能会有消息传来。但是周一、周二、周三过去了，仍然杳无音讯。恰恰相反，近来无论是国内还是国外官员的谈话，都使人们相信，窦纳乐已经不可能发来消息了。下议院的布罗德里克（Brodrick）周一下午说，虽然清朝政府或是皇帝本人保证，使团仍然安全无恙，但英国政府不应该再相信他们的说法了。“儒家经典《春秋》写道：不斩来使。”这个理由在清朝驻英公使看来足够有说服力，但它并不足以让欧洲人信服。俄国政府和其他国家的政府一样，不会轻易相信清朝统治者的说法。美国政府也是同样的态度——虽然康格发来消息说，外国人是安全的，这为大家带来了一丝希望的曙光。电报的内容具有时

在一间中式学校：一位正在背诵课文的小孩。

在《泰晤士报》驻北京记者的家里，帕森斯夫人正在为赫德爵士的外甥女裴丽珠小姐绘制肖像画。

效性，在公众的眼里这个日期经不起任何严格的检验。

最近的行动凸显了通商口岸牛庄的重要地位。牛庄是东北地区主要的海港，距离奉天 100 多英里，距离辽河口 30 英里。因河水太浅，无法航船，当年 11 月至第二年 3 月为封冻期。每年出口的商品价值为 200 万英镑。

沿着东北地区边界还有一条防线，一般称为“栅栏”（Palisades），可惜无人问津，已经衰败不堪了。但是矗立其间的宏伟的瞭望塔在战争期间仍然坚挺，依然能当作信号站使用，也能为一些小型的前线哨所提供遮挡。当地有很多四处流窜的掠夺成性的土匪，他们以突袭、掠夺为生。如果有土匪冲破防线，塔上的灯便会亮起，提示有土匪到来。

后面的插图描绘了前几天清军在黑龙江沿岸展开行动时的场景。黑龙江大约 5 月开始通航，持续至 10 月。其余时间，各式各样的拖船与江轮便停在冰面上。大多数轮船都非常轻巧，沙床的变化让航行变得困难、缓慢。海兰泡 [1] 与尼布楚是两处重要的贸易基地与交通枢纽。

---

[1] 即布拉戈维申斯克，原属中国，后被俄国割占。——译者注

天津的内地会大楼。

博春臣（Brock）夫妇与学生们在内地会培训室（Gan-King Training Home）旁。

海兰泡与俄国所有的边界定居点一样，有很多木质房屋，可能还有一条街道，街道上整齐排列着商店与几处政府建筑。自从开始修建环贝加尔湖铁路（Trans Baikal Railway），当地的活动越发频繁，现在镇上约有 8000 至 1 万人，俄国人与清朝的蒙古人各占一半。

本报的插图中最有趣的一幅是《泰晤士报》驻北京记者莫理循博士家中的画室。拍摄这幅照片的时候，莫理循正在英格兰，他把这座房子借给了帕森斯（J. H. Parsons）少校与他的妻子。插图里，帕森斯夫人正在为赫德的外甥女裴丽珠（Bredon）小姐绘制肖像画。今年 3 月，莫理循博士回到了他在北京的住处，有人担心他还有裴丽珠小姐已经遇害了。幸运的是，帕森斯少校与其夫人在铁路被毁前便去了北戴河。本报还刊登了一些清朝内地会（China Inland Mission）的插图，包括内地会在天津的教会房屋、培训室及有趣的校园生活场景。

独具特色的国民与军队

CHARACTERISTIC SCENES, CIVIL AND MILITARY

武举考试。英国福公司（Peking Syndicate）供图。

典型的清朝道路。英国福公司供图。

身穿制服的巡抚侍卫。英国福公司供图。

骑马的清朝人。英国福公司供图。

在华军队

TROOPS FOR CHINESE SERVICE

英国女王直属的马德拉斯第 3 工兵团是首批奉命前往清朝的印度分遣队。命令下达的时候很多人还在休假，但是他们数日之后便集结完毕，登上“瑙谢拉”号（Nowshera）战舰前往清朝。在班加罗尔[1]统领工兵团的约翰·塔洛克（John A. S. Tulloch, R. E.）上校正率队前往清朝。塔洛克上校今年 35 岁，12 年前曾在缅甸服役；1893 年取得上校头衔。

通晓中文的英国人：印度医疗机构的伯顿少校。伯顿少校隶属于马德拉斯第 7 步兵团，最近刚从天津返回缅甸。他前往清朝的申请已经获得批准。他是为数不多能够说中文的英国军官。图中的他身穿在清朝学习时的服装。利特尔汉普顿的爱德华兹拍摄。

军队内部的语言问题日益突出。弗朗西斯·格伦费尔（Francis Grenfell）被任命为英国驻华部队总司令，与他几乎会说联军内部通用的全部语言不无关系。更突出的例子是，印度医疗局（Indian

[1] 印度南部城市，印度的第五大城。——译者注

Medical Service）的阿道弗斯·伯顿（J. Adolphus Burton）少校由于可以说一口流利的中文，成为第一个通过所有测验的医务官。虽说阿道弗斯·伯顿少校与理查·伯顿（Richard Burton）爵士没有亲属关系，但他拥有掌握东方语言的天赋。不用说，他前往清朝的申请顺利获得通过。伯顿少校上次离开印度也是前往清朝，他的特殊才能与经历一定能在森严的医疗部门之外发挥作用。伯顿少校生于 1854 年，隶属于马德拉斯第 7 步兵团。

艺术撷英

ART NOTES

不需要画家耗费笔墨，世人也会铭记发生在北京的事变。在公使馆中，至少有两位女士在当代艺术领域具有举足轻重的地位：窦纳乐爵士的夫人与她的妹妹阿姆斯特朗小姐。很多人都记得约翰·米莱斯（John Millais）的名画《明手牌》（*Dummy Whist*）中的“阿姆斯特朗三姐妹”。人们可能很快就会想起画中的两位女士正置身于北京公使馆内。

首支被派往清朝的印度部队：英国女王直属的马德拉斯第 3 工兵团。

北京之景

SCENES IN PEKING

在北京的公路上洒水。利特尔汉普顿的爱德华兹拍摄。

北京饭店（Hôtel de Peking）。利特尔汉普顿的爱德华兹拍摄。

中俄困境：东西伯利亚战争的场景

THE RUSSO-CHINESE DIFFICULTY: THE THEATRE OF WAR IN THE EASTERN SIBERIA

黑龙江上游：冬季被冻住的小型舰队。

“栅栏”防线上的清朝瞭望塔及灯塔。

从库页岛看海兰泡。

受到攻击的海兰泡：残存着旧伯力炮台（Fort Khabaroff）的主干道。

庚子事变

THE CRISIS IN CHINA

冬季停泊在牛庄营地的美国与英国炮舰。根据英国皇家海军奎尔（Quayle, R. N.）中尉提供的照片绘制。图中炮舰停靠在欧洲租界码头的干船坞里。如此一来，关闸与放水时，它们便可免受厚重浮冰之扰。

海河河口大沽炮台对面的北塘炮台。根据阿瑟·莫里斯（Arthur Morris）上校提供的照片绘制。

联军集结：北京英国驻华公使馆内的各国联军。

AUGUST 4 1900 ◆ THE ILLUSTRATED LONDON NEWS ◆ SATURDAY，No.3198
1900 年 8 月 4 日 伦敦新闻画报 星期六 第 3198 期

清朝及南非战况

CHINA AND SOUTH AFRICA

为保障在京公使的人身安全，我们近期展开了调兵行动。不过从军事角度来看，调兵只能振奋精神、激励斗志，并不能改变北京的局势。自占领天津以后，联军一直在巩固对天津的统治，并修复受损的炮台和营房，以便为日后进军北京提供坚强的后盾。不过在我写这篇报道时，联军进攻北京的日期尚未确定。根据各国汇总的信息，应该会再后延一些。本周末，可能会有一支日军先行出发，如未出发也是箭在弦上，他们的出发点很可能是距天津东北方向 150 英里的山海关。

庚子事变

THE CRISIS IN CHINA

周一，我们收到自北京发来的消息，这燃起了解救使团的希望。这则消息的真实性已经被确认。7 月早些时候的大屠杀，其实是个假新闻，有两家报社不仅做了报道，还把细节说得有板有眼，因此事件是否属实，是否有添油加醋，读者根本无法分辨。而且，为了耸人听闻，他们还把谋杀描写得绘声绘色，既忽视了受害人亲属的感受，也伤害了整个国家的情感。

不过，北京的真实情况确实比较危急。公使馆遭到长时间围攻，储备的弹药和食物越来越少，一些人已筋疲力尽。到 7 月 16 日，义和团终于停火，但围困仍然持续。各国收到代表们发来的消息，都舒了一口气。周一，海军部收到驻大沽的陆军少将卜禄士转发的电报。电报的内容是窦纳乐早些时候告诉他的。其中写道，6 月 20 日到 7 月 16 日，公使馆遭到步枪和火炮的围攻。英国使馆的女人和孩子都平安。战斗中，包括斯特劳特（Strouts）上尉在内的 62 人牺牲；包括哈利迪（Halliday）上尉在内的 62 人负伤。“除欧利丰（David Oliphant）和沃伦（Warren）去世外，其他公使平安。”上述情况一直持续到 7 月 21 日。之后，一手消息少了。不过清朝政府发表的官方慰问让人宽心。目前，清朝政府一直说会赔偿损失，各国组成的援军也将动身。

96 至 97 页插图展示了本次危机的多个阶段。距北京西南方 95 英里的直隶省保定府，因 7 月 8 日有 2000 名信徒被杀。

一支精锐的印度骑兵团（第 1 孟加拉枪骑兵队）已在 7 月 1 日离开勒克瑙[1]，他们会先行军到加尔各答，再登船去中国。几个月前，约克公爵（Duke of York）被任命为这支骑兵团的上校。现在骑兵团的正式名称为（约克公爵属）孟加拉第 1 枪轻骑兵队。当地长官向公爵发出呈文，出发前一两周，骑兵团收到了公爵殿下的回信。公爵在信中说，他会时刻守护战士们的安全。当时因季风尚未形成，北印度比平常更湿热，在遮阳处气温都能达到 100 华氏度[2]。很多人前来送行，其中也包括驻地的英国士兵。为防止在行进过程中中暑，每名士兵都配置了 3 磅重的冰块。德意志皇帝威廉二世的这支东亚兵团（Kaiser’s East Asiatic Regiment）骁勇善战，他们戴上了英国殖民地军队常见的宽檐帽，而没有戴颇有威慑力但累赘的尖顶头盔。

---

[1] 北印度仅次于德里的第二大城市。——译者注

[2] 100° F ≈ 37.8℃。——译者注

参战的英军和日军

BRITISH AND JAPANESE TROOPS ON ACTIVE SERVICE

英国海军运兵船“可怖”号运载斯考特上尉炮架及 12 磅长炮登陆大沽，以供援军使用。

“可怖”号载着士兵向天津进军。

卸载 12 磅大炮和弹药。

由华人组成的威海卫“华勇营”与“可怖”号士兵一起登陆大沽。

清朝北部的日军。

大沽和北京的景象

SCENES AT TAKU AND PEKING

大沽，意为“大炮台”，位于白河（北）的河口处，去天津的水路距离为 50 英里，铁路距离为 30 英里。火车的终点是大沽对岸的塘沽。火车站周围，河宽不足半英里。当地村民住的是用泥土和碎稻草建成的茅草房。窗框上镶的不是玻璃，而是油纸。房子完全没有排水系统，到了炎热的夏日，着实恶臭不堪。夏天，遮阳处的气温通常能达到 112 华氏度[1]。全村勉强称得上“路”的是村里唯一的主路。离这里 1.5 英里的地方有一个住户不多的小村落。几个来自英国、美国和德国的领航员就住在那里，他们对白河和直隶湾的航行线路了如指掌。和本地人一样，这些欧洲人住的也是泥土房，但他们的房子建有阳台，功能性更好。这里的冬季从 11 月下半月开始，一直会持续到次年 3 月初，冰雪才会融化。欧洲人的房子冬暖夏凉，能帮助他们度过严寒和酷暑。

从下页插图中可以看到路口的客栈。有趣的是，现在这里是联军的医院。要说士兵们最难忍受的问题，一定是没有纯净水。用水唯一的途径是从河里打水，装到 3 英尺[2]高的陶制器皿（cangue）中进行沉淀，然后把水倒出来，煮开过滤。刚从河里打上来的水，稠度和颜色就像绿豆汤一样。面向北炮台的大沽的照片是由一位法国“辛迪加”（Syndicate）[3]成员拍摄的。其中，前景中的露天广场原本是炮台。

---

[1] 112° F ≈ 44.4℃。——译者注

[2] 3 英尺≈ 0.91 米。——译者注

[3] 辛迪加是向报纸和其他新闻媒体提供各种专稿的机构。——译者注

上右 | 大沽的客栈和店铺，现在是联军的医院。爱德华兹拍摄。
中左 | 大沽概貌。可以看到白河河口、北炮台、外国领航员的房子。
中右 | 从河上看大沽。爱德华兹拍摄。
下图 | 北京使馆路。

遍布全国的清朝茶馆

A CHINESE NATIONAL INSTITUTION: THE TEA-SHOP

遍布全国的清朝茶馆。

行军途中的困难：雨季从天津由陆路到北京

DIFFICULTIES OF THE MARCH TO PEKING: THE OVERLAND ROUTE BETWEEN TIENTSIN AND THE CAPITAL IN THE RAINY SEASON

到达天津后，联军计划走乡村陆路到北京。每年的这个时节，路上都是大片大片的沼泽和泥泞。但凡在北京坐过马车的人，一定体会过那种追悔莫及的无助感，绝不想再尝试半次。严格意义上说，这条路上根本没有我们所理解的“路”。哪里都可以走，哪里都是路，平时只有去附近镇的本地人才会走。行路人通常会选择走运河或天然河道。村里四处遍布着先人的坟墓，偶尔有一些表彰名人的牌坊。各种各样的马车、牲畜和行人来来往往。请将视线落到下图中走在最前面的两个人。他们穿的是稻草做的蓑衣，可谓名副其实的“稻草人”。

行军途中的困难：雨季从天津由陆路到北京。

清朝北部风光

SCENES OF THE NORTHERN CHINA

建在峭壁上的村庄。摄于山西省。

船闸和桥。摄于保定府。

上图 | 船闸。摄于保定府。
下左 | 大理石桥。摄于保定府的古老皇家园林。
下右 | 凉亭和荷花池。摄于保定府的古老皇家园林。

远东的印度和美国军队

INDIAN AND AMERICAN TROOPS FOR THE FAR EAST

下图 | （约克公爵属）第 1 孟加拉枪骑兵队的陆军中校加特赛德 - 蒂平（Gartside-Tipping）和军官。他们即将离开勒克瑙前往中国。《印度每日电讯报》（*Indian Daily Telegraph*）的布朗（F. H. Brown）拍摄。

右图 | 一支美国海军连队即将离开马尼拉前往中国。

在远东作战的普鲁士官兵

PRUSSIAN SOLDIERS FOR SERVICE IN THE FAR EAST

上左 | 视察后提出意见的军官。赞德（Zander）和拉比施 (Labisch) 拍摄。
上右 | 正在进行侦察的骑兵。赞德和拉比施拍摄。
下图 | 正在进行操练的步兵。赞德和拉比施拍摄。

行进中的骑兵。赞德和拉比施拍摄。

载着士兵的舰船。赞德和拉比施拍摄。

骑兵部队的军官。赞德和拉比施拍摄。

AUGUST 11 1900 ◆ THE ILLUSTRATED LONDON NEWS ◆ SATURDAY，No.3199
1900 年 8 月 11 日 伦敦新闻画报 星期六 第 3199 期

清朝的战况

THE MILITARY SITUATION IN CHINA

联军好像是 8 月 4 日起身向北京进军的。关于这支小分队（肯定大不了）的具体构成，或它的第一步行动是什么，在写这篇报道时，尚无确凿消息。但从已知的调兵信息中可以算出，现在去往首都的人数大概在 1.5 万到 2 万之间，其中英军约为 3000 人。出战的英军是诺曼·斯图尔特（Norman Stewart）将军领导的英国第一旅，包括第 1 孟加拉枪骑兵队、第 7 孟加拉步兵团、第 1 锡克兵团、皇家威尔士步枪团特遣队、第 24 旁遮普步兵团和香港兵团，队伍还配置了一个野战炮兵连和 4 架海军 12 磅大炮，其中 3 架由水兵操控。

据报道，上周日，联军在距天津西北方向 10 英里的北塘与清军爆发了激烈的冲突。7 月 20 日，俄军士兵展开侦察，估计清军的兵力在 8000 人左右。但如果从非官方途径获得的北塘之战情况确凿，则清军之后一定进行了大量增兵。消息称，约有 1.6 万名联军参战，目前伤亡人数已达 400 人，其中大部分是俄军和日军士兵。所以说，要么是我们低估了清军的兵力，要么是这 8000 名清军士兵表现出了超人的抵抗力。撇开其中不确定因素不谈，报告本身看起来颇为可信，联军虽然损失惨重，但清军已经撤退。

由于害怕发生暴乱，加上清军加强了扬子江的防御工事，整个上海气氛变得紧张起来。不过各国也在附近布置了不少军舰。据说英国有 14 艘军舰，另刚在南京造成不小影响的海军司令西摩尔也回到上海。

清军和俄军在清朝东北地区的战斗正激烈，清军抵抗的顽强程度也是史无前例。据说从炮弹的外壳来看，清军使用的是最新式的大炮。目前在天津周边地区，联军已取得一些胜利，但想快速解决战斗并非易事。综合各方面因素，发生大规模冲突的可能性很大。所以，乐观地认为随着时间流逝，清军对联军的抵抗将会下降是错误的。

英国政府已下令，增派两个旅印度军团前往清朝。显然英国越来越重视自己在这次事变中的军事角色，其中一个旅中有很多皇家卫队（Imperial Service Troops）。按照德费伦（Dufferin）爵士的安排，他们由当地亲王指挥，保家卫国，但近年他们常在各地作战。

回忆清朝总兵戈登

A REMINISCENCE OF CHINESE GORDON

1863 年，戈登率领洋枪队克复了苏州，清朝皇帝颁发诏令授其头等功并赏银一万两。诏令原文如下：

同治二年（1863）十月二十六日，江苏巡抚由驿具奏督军攻剿苏州城垣克复省城一摺，十一月初四日。议政王军机大臣内阁奉，上谕江苏巡抚李鸿章奏督军攻剿苏州克复省城一摺，览奏实深欣慰。江苏省总兵戈登带队助剿，洞悉计谋，尤为出力，著赏给头等功牌并赏银一万两，以示嘉奖，所有银两著江苏巡抚李鸿章筹款赏给。外国本有宝星名目，所有赏给头等功牌，即可仿照办理，钦此。

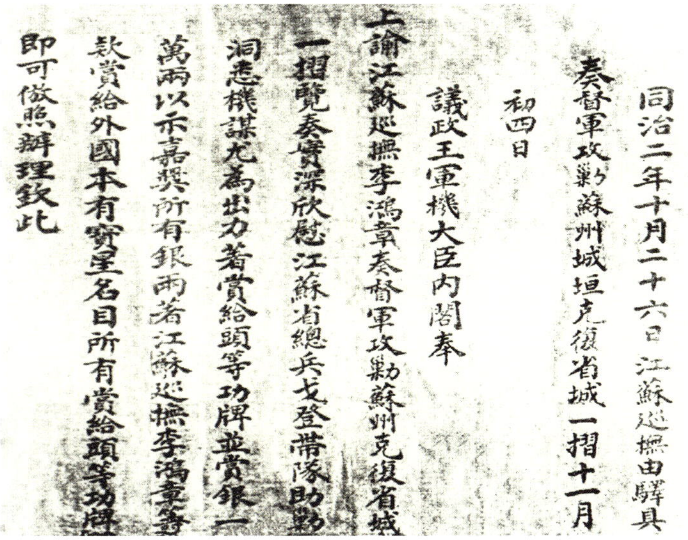
同治二年十月二十六日江蘇巡撫由驛具
奏督軍攻剿蘇州城垣克復省城一摺十一月
初四日
議政王軍機大臣内閣奉
上諭江蘇巡撫李鴻章奏督軍攻剿蘇州克復省城
一摺覽奏實深欣慰江蘇省總兵戈登帶隊助剿
洞悉機謀尤為出力著賞給頭等功牌並賞銀一
萬兩以示嘉獎所有銀兩著江蘇巡撫李鴻章籌
款賞給外國本有寳星名目所有賞給頭等功牌
即可倣照辦理欽此

诏令原文图片。

清朝掠影

SCENES IN CHINA

天津的租界与清朝人住的小镇毗邻，最初是由戈登建立的。后来，欧洲人在租界修建了一座非常精美的戈登堂。这座砖石结构的楼非常坚固，这次的炮火中，妇女儿童便躲在这里。

从戈登堂可以看到美国炮艇“帕洛斯”号（Palos）被冻在堤坝上，由此可见天津冬天的严寒。要去另一岸时，这里的人会使用一种叫“peidzas”的雪橇。一名苦力站在雪橇尾端，借助铁头滑雪杖在冰面上滑行。为了保护外国人，码头上通常会停靠两三艘外国炮艇。

清朝船队在白河上航行。图中还能看到他们攻打欧洲人时使用的炮台。由哈勒斯登的 A. T. 爱德华兹和利特尔汉普顿的 N. P. 爱德华兹拍摄。

美国炮艇“帕洛斯”号停在冰冻的白河上。由哈勒斯登的 A. T. 爱德华兹和利特尔汉普顿的 N. P. 爱德华兹拍摄。

从下页（天津英租界）中街（Victoria Road）的插图中可以看出，油纸对清朝人的重要性显而易见，他们不仅用油纸糊窗户，还将坚硬的油纸糊在竹制框架上修建房屋。常常有一行行的清朝船只在河面航行。上页插图中，船只正通过天津城上的炮台，那里的大炮控制着整个城市。

扬子江上的风景可谓美不胜收。我们观察到，清朝人将煤粉和土壤或黏土混合，其做法与威尔士人的小煤“砖”相似。这种做法在中国没有几千也有上百年的历史了，然而他们在 25 年前才开始将煤灰作为商品。

上图 | 冬日的天津中街。照片中的老式房子是用竹子和纸建成的。由哈勒斯登的 A. T. 爱德华兹和利特尔汉普顿的 N. P. 爱德华兹拍摄。

下图 | 天津火车站。由哈勒斯登的 A. T. 爱德华兹和利特尔汉普顿的 N. P. 爱德华兹拍摄。

在扬子江上游开采地表煤的人。

上图 | 扬子江上游的人民用煤灰和土制作燃料块，然后弄干。
下图 | 在青岛举行的基督教仪式。

陆军上校弗朗克·蒙塔古·朗德尔

LIEUTENANT-COLONEL FRANK MONTAGU RUNDALL

陆军上校弗朗克·蒙塔古·朗德尔指挥的第 4 廓尔喀军团第 1 营也踏上了前往清朝的征程。朗德尔上校出生于 1851 年，两年前获得陆军上校军衔。之前他曾担任威廉·洛克哈特（William Lockhart）将军的参谋；1886 年 7 月参加英缅战争，并荣获勋章。后因在钦-卢萨战役（Chin-Lushai Campaign）中表现优异，朗德尔被推荐为名誉少校。在对坎壕钦（Kanhow Chins）的行动中，他指挥神勇，被授予杰出服役十字勋章，并被推荐为陆军名誉上校。1894 年 5 月，朗德尔参与瓦济里斯坦战役（Waziristan Campaign），再获勋表。他近期被任命为拉合尔地区（Lahore District）的助理副官长。

在清朝参加特别行动的弗朗克·蒙塔古·朗德尔上校。埃克塞特的希思（Heath）和布拉多斯（Braduce）拍摄。

李鸿章的主要财政来源

THE CHIEF SOURCE OF LI-HUNG-CHANG'S REVENUR

收税官会到全国指定地点收取年贡。贡品大多是上好的黑貂毛皮，蒙古族人有时会将山羊摆放到收税官的桌子上。

李鸿章的主要财政来源：向东北地区的蒙古族部落收取年贡

AUGUST 18 1900 ◆ THE ILLUSTRATED LONDON NEWS ◆ SATURDAY，No.3200
1900 年 8 月 18 日 伦敦新闻画报 星期六 第 3200 期

清朝及南非战况

CHINA AND SOUTH AFRICA

这些文字见报时，联军应该已经抵达北京的城墙之下了。接下来事态会如何发展，难以预测，由于没有依据，枉做揣测也是徒劳。但现在可以肯定的是，即使事事都能如我们所愿，欧洲人仍将面临重重考验，我们每天都会收到消息佐证这一观点。从各国的行动来看，大家都认同这个观点，对当前局势的严重性，也都有清楚的认知。最近有报道称，已任命陆军元帅瓦德西为联军统帅，这样一来，他至少还要五六周才能到清朝。由此可见，联军抵达北京使馆区并不是一次孤立的行动。

虽然写这篇报道时，我不得不承认，因清朝人顽强抵抗，我们的伤亡名单比预期长了许多，但整体来说，联军向北京的进攻还算顺利。联军在 8 月 5 日攻下北仓后，第二天清晨便沿河而上。到达杨村后，联军与 2 万名清军相遇。由于天气酷热，损失惨重的清军后退。同月 10 日，联军抵达北河边的河西务，从天津到北京的路程已约过半。据说联军离开杨村后，未再遇到激烈抵抗，清军在开几枪后就直接撤退。

庚子事变

THE CRISIS IN CHINA

上月底，英国皇家海军陆战队的轻步兵坎利夫·麦尼尔·帕森斯上尉登上“新探寻者”号（Jelunga），离开朴茨茅斯前往清朝参战。随行军队包括上尉手下的查塔姆海军分遣队。7 年前获得上尉军衔的坎利夫·帕森斯出生于 1865 年，其父詹姆斯·培根·帕森斯（James Bacon Parsons）是一位少将。待这支部队抵达清朝时，我们希望这场战斗已经结束。事实上，半个多月以来，我国清朝方面的专家一直怀抱着这个美好的愿望。

近日被任命为联军统帅的瓦德西是目前最出众的德军将领。他是毛奇（Moltke）最得力的助手，德国皇帝也一直对他宠爱有加。他的妻子是美国人，在发给麦金莱

带领英国皇家海军陆战队轻步兵分遣队前往清朝的坎利夫·麦尼尔·帕森斯（Cunliffe McNeile Parsons）上尉。埃利奥特和弗赖伊照相馆（Elliott and Fry）供图。

7 月 16 日在北京去世的欧利丰。

将在清朝担任联军统帅的陆军元帅瓦德西。

总统的电报中，德国皇后得体巧妙地暗示了这件事。只是，任命新统帅的时间点让人摸不着头脑，现在瓦德西根本无法到清朝指挥联军。即使两个月后抵达清朝，也不知道那里的战事是否已经结束。

欧利丰是在守卫英国大使馆的东墙（包括主要入口）时中弹的。不过在窦纳乐发来的信息中，只是简单提到了他的名字。欧利丰出生于 1876 年，是 T. T. 欧利丰的三子。在 1896 年的领事馆人才选拔考试中，他名列第五，获得赴远东口译候选人的资格。当时他本该被派往暹罗[1]，但他志在清朝。于是，他再次参加考试，获得第二名，如愿得到去清朝的机会。1897 年年初，欧利丰来到北京，后成为临时代替窦纳乐的署理公使艾伦赛（Bax Ironside）的私人秘书。之后，窦纳乐又将欧利丰提升为领事馆的正式二等助理。

[1] 即今泰国。——译者注

本报刊发的清朝图片

OUR CHINESE PICTURES

目前看来，庚子事变应该是一次长期冲突。这次事件为摄影家们提供了源源不断的拍摄素材。远东的一景一物，他们的服饰、城乡风景、建筑等都是绝佳的摄影对象。

后文中的一张插图为日本步兵。他穿着西式军服，拿着西式装备，连抽雪茄的姿势都像极了西方人。另一张，我们猜想，应该是一名义和团员。他的穿着颇有当地特色，这个清朝人对待服装很严肃，一点容不得胡闹。卡顿·伍德维尔（Caton Woodville）绘制的图像名为“清朝东北地区的地方官在对俄国工人进行检查”，展

燕都别墅（Peking Club）中的溜冰场，已被烧毁。

在上海，正受“立枷”之刑的人。

现了前线的场景。其中也少不了戏剧性的因素，请特别注意其中一个人的态度举止。这个重要人物不是官员，也不是来自北方的洋人，而是画面中央手持长刀的人。8 月 6 日，窦纳乐发来消息，称使馆储备再次告急，眼下的食物供给只能再撑 10 天。俄军已完全占领哈尔滨地区，向东和向南的铁路继续修建。消息还称，目前，跨贝加尔湖沿线和通往东北地区西北部的铁路路段十分平静。而且除 4 支已经参战的西伯利亚部队之外，俄国还在组建一些特别作战军队。看得出，俄国人很重视自己在该区域的角色。

在一种名为站笼的酷刑刑具中，犯人的脖子被枷锁锁住，脚的高度刚刚能碰到地面。最后，我们看一看扬子江上的重庆和山海关附近的清朝。重庆位于长江与嘉陵江交汇之处，是一座“山城”，该地计划驱逐外国人。江面上有 9 道船闸，当有河道出现问题时，会打开其中 8 道。嘉陵江上与重庆对望的是江北厅，又称江北。该镇是富饶的四川省的真正口岸。现在他们的总督已发布驱逐外国人的命令。连郊区在内，重庆现在的人数已达到 70 万。

前往清朝途中感受到的国际礼仪

INTERNATIONAL GREETINGS ON THE WAY TO CHINA

今日，我社派往清朝战场的特约画家约翰·舍恩伯格发回图片，向我们展现了旅途中与国际友人的小插曲。在苏伊士运河上，舍恩伯格乘坐的德国汽轮“海因里希亲王”号（Prinz Heinrich）偶遇英国女王的“高飞人”号（Highfllyer）装甲巡洋舰，德国汽轮上的乐队自发演奏起英国国歌《神佑女王》，双方船员欢呼雀跃。舍恩伯格说，英国船员的声音更加响亮。很多乘客也加入了喝彩的队伍，并随着乐队的演奏，挥舞礼帽。

在苏伊士运河上，德国汽轮“海因里希亲王”号演奏英国国歌，向英国女王的“高飞人”号装甲巡洋舰致敬。约翰·舍恩伯格绘制。

清朝东北地区的地方官
在对俄国工人进行检查

EXAMINATION OF RUSSIAN WORKMEN BEFORE A MANCHURIAN DISTRICT MANDARIN

清朝东北地区的地方官在对俄国工人进行检查。英国皇家水彩画协会的卡顿·伍德维尔绘制。

庚子事变

THE CRISIS IN CHINA

上图｜扬子江上游发生骚乱：距大海 1600 英里的重庆和江北。《中国和当下的危机》（*China and the Present Crisis*）的作者约瑟夫·沃尔顿（Joseph Walton）拍摄。

下图｜山海关长城附近的一条典型清朝道路。十分崎岖的道路和毫无缓冲的马车是清朝的特色。根据爱德华兹拍摄的照片绘制。

右图｜日本步兵。库库克（H. W. Ko-kkoek）绘制。

义和团员。库库克绘制。

天津的欧洲俱乐部

THE EUROPEAN CLUB, TIENTSIN

天津的欧洲俱乐部是严格意义上的外国俱乐部，其向所有的欧美人开放。爱德华兹拍摄。

AUGUST 25 1900 ◆ THE ILLUSTRATED LONDON NEWS ◆ SATURDAY，No.3201
1900 年 8 月 25 日 伦敦新闻画报 星期六 第 3201 期

清朝及南非战况

CHINA AND SOUTH AFRICA

八国联军向北京进发的路况没有最差只有更差，气候也极度恶劣，就算未遭到太激烈的抵抗，计划也很难按时完成。这种情况下，解决运输问题，特别是大型分遣队的运输问题，迫在眉睫。要避免运输过程中发生混乱，精湛的操作、老练和耐心缺一不可。

不得不说日军在此次行动中让人不禁敬畏。即使与欧洲和印度精锐军队相比较，他们的表现也毫不逊色。

本次远征后来的故事可以用几句话概括。联军离开河西务之后，继续行军，途径安平和马头；先锋队于 8 月 12 日到达距北京 15 英里的张家湾。次日早晨，由英国、美国、日本士兵组成的侦察队，对通往北京的路进行了大规模侦察。15 日，联军顺利攻入北京。激战的过程各报皆有详载。联军直到 8 月 20 日还在轰炸皇宫，在写这篇报道时，慈禧太后是否已逃出皇宫，尚无定论，但谣言盛传慈禧太后和光绪皇帝已在端王的护送下，离开北京，躲到了千里之外的西方某地。

稍许耽搁之后，克雷（Creagh）将军旗下的英国第 2 旅也登陆上海。如此一来，英国在扬子江的兵力优势十分明显，而俄国在清朝东北地区也不断发动进攻。

庚子事变

THE CRISIS IN CHINA

联军攻占北京后，我们得知窦纳乐夫妇、他们的两个孩子、英国使馆的工作人员和其他一些外国人均安然无恙。为了加深大家对这次事件的了解，我们在今天的报纸中，刊登了英国女王的“奥兰多”号（Orlando）上的海军学校学生丹尼斯·赫伯（Dennis Herbert）的画作（赫伯曾参与攻打大沽炮台和天津周边地区的行动）。作为英国舰队中的新成员，“大沽”号（Taku）自然备受关注。它是一艘鱼雷驱逐舰，6月中旬被“名誉”号和“牙鳕”号俘虏。在轰炸开始前，英国的“巴夫勒尔”号(Barfleur)在河上巡逻。我们的另一次俘虏行动，是在岸上炮台的西北面进行的。赫伯有一副

手持钩形矛巡逻的清朝警察。

去往清朝的路上，法国运兵船“阿基坦”号和德国运兵船“威德金特”号的士兵在塞得港互相打招呼。特约画家约翰·舍恩伯格绘制。

插图画的就是这里的主门和护城河。

这条濠河上，浮起了几十具清朝人的尸体。按画家的说法，英国士兵将尸体打捞起来，并安葬了他们。另一张插图中，我们可以看到联军正在攻击炮台的北面，之后炮台被联军攻下。内炮台是最先被攻下的，并挂上了英国和意大利的旗帜，而之后攻下的外炮台上挂的是日本的旗帜。

135 页插图中，清楚地展示了攻打天津兵工厂的作战计划。天津兵工厂周边地势非常平坦，好在布尔人没有遇上这样的有利地形，不然他们一定会无往不利。有必要提下一美国炮艇借出的后膛炮，这应该是美军首次将自己的炮借给英国水兵使用，并在紧要关头，帮助联军取得胜利。

有一页插图描绘了大沽到天津之间的各种景色，其中有一幅插图展示了一艘大型货运帆船，不禁让人想起西班牙无敌舰队。如果是一名喜欢艺术的炮手，他在击毁这艘船时一定会有些不忍心。联军向北京进发的途中，常常身处险境，比如军队在炮火的猛烈攻击下通过兵工厂河（Arsenal Creek），不过无人伤亡。但也会有一些小插曲，例如威尔士的燧发枪手追鸭子，或者经过白天的长途作战，英国士兵在夕阳的余晖中跳到河里游泳。

本报派往清朝的特约画家舍恩伯格，在“海因里希亲王”号上写下了这样一段话：“7 月 16 日，载有 1600 名法国海军的‘阿基坦’（Aquitaine）号与载有同样多人的德国海军‘威德金特’（Wittekind）号在塞得港相遇，他们都要到清朝参战。德国运兵船上的乐队奏起了法国国歌《马赛曲》，两边的士兵都热情地打着招呼。”

发生于拂晓时分，参与轰炸炮台的炮艇。

向北京进发：攻下大沽炮台

THE ADVANCE TO PEKING: THE CAPTURE OF THE TAKU FORTS

右图 | 向北京进发：攻下大沽炮台。英国海军“奥兰多”号上的海军学校学生丹尼斯·赫伯绘制。

1. 6月17日，英国的“名誉”号和“牙鳕”号驱逐舰捕获了一艘清朝鱼雷驱逐舰，并将其更名为“大沽”号。

2. 联军首先攻下炮台西北面的主门和濠河。濠河里每天都能看到很多清朝人的尸体。

3. 轰炸前夕：英国的“巴夫勒尔”号蒸汽舰载艇在塘沽火车站到灯塔船之间的河域巡逻。舰载艇上已架好武器，士兵也严阵以待。

1

2

3

向北京进发：大沽和天津

THE ADVANCE TO PEKING: SCENES AT TAKU AND TIENTSIN

最先被攻下的挂着英国和意大利旗帜的内炮台，现在由英国和意大利驻守。之后被攻下的是挂着日本旗帜的外炮台，现在由日本驻守。下面插图中看不到的挂着德国和俄国的旗帜的南炮台，现在由德军和俄军驻守。拿下这些炮台的联军由859名官兵组成（当然，这个数字只计算了登岸的人，不包含炮艇上的船员）。

天津兵工厂[1]周围的地势非常平坦，没有可做掩护的地方。厂内壁垒森严，有绝

联军6月17日攻击炮台时，炮台北面的景象。英国海军“奥兰多”号上的海军学校学生丹尼斯·赫伯绘制。

[1] 天津机器局，华北地区最大的兵工厂。——译者注

攻击天津兵工厂。英国海军“奥兰多”号上的海军学校学生丹尼斯·赫伯绘制。

佳的射击掩体和枪炮。如果与我们对战的是布尔人，我方一个人都休想攻入。3 座弹药库发生爆炸，其中两个应该是清军自己炸毁的，另外一个则是被俄国野战炮击中引发爆炸的。海军陆战队名义上由伯克（Burke）上校指挥，但实际的领导人是克拉多克（Cradock）司令。联军从射程 1800 码开始攻击，第一次前进了 1000 码，英军自左侧进行了猛烈的轰炸。据估算，清军守兵有 6000 到 7000 人。他们像蜇人的马蜂一样，持续在左后方发动攻击。联军在这座兵工厂里发现了海军学院[1]、六分仪及高度精密的仪器，并将它们全部摧毁。联军还在这里找到了大型的道尔顿（Doulton）[2]瓷管及大型弹药库。整座兵工厂已被全部炸毁。美国炮艇“莫诺卡西”号（Monocasy）的船长将 3 磅的后膛炮借给在天津的援军，现由英国水兵使用。

[1] 即天津水师学堂，清朝第二所培养海军军官的新式学堂。——译者注

[2] 英国著名的瓷器制造公司，当时英国最大的骨瓷出口制造商。——译者注

和天津援兵在一起：大沽与天津之间的河景

WITH THE TIENTSIN RELIEF FORCE: RIVER SCENES BETWEEN TAKU AND TIENTSIN

右图 | 大沽与天津之间的河景。英国海军“奥兰多”号上的海军学校学生丹尼斯·赫伯绘制。

1. 从河上看新港（Shin Tung）炮台，距塘沽火车站六七英里。这些炮台已被英国下的“阿尔及尼亚人”号和“名誉”号的 30 名官兵炸毁，当时清军并未抵抗。

2. 在沿塘沽而上约 10 英里的地方，一艘天津拖轮公司（Tientsin Tug Company）的拖轮被清军击沉。

3、4. 能开到天津的大型货运帆船。

5. 被击沉的另一艘拖轮。

6. 一座大型寺庙，距塘沽约 15 英里。寺庙周围修建有围墙。

7. “法瓦乌（Fa-Wau）”号拖轮，正将英国舰队的士兵和储备品送到天津。在大沽炮台再次遭到轰炸后，“法瓦乌”号在驶往天津的途中，在新港炮台遭到了猛烈攻击。

8. 另一个视角中的新港炮台。

9. 清朝商人的大船在距塘沽约 9 英里的地方被击沉。

1
9
3
2
6
5
4
7
8

和天津援兵在一起：行军中的逸事

WITH THE TIENTSIN RELIEF FORCE: HUMOURS OF THE MARCH

行军中的逸事。英国海军“奥兰多”号上的海军学校学生丹尼斯·赫伯绘制。

1. 威尔士的燧发枪手在抓鸭子。
2. 一天的战斗结束后，战士们跳进河内洗澡。
3. 在猛烈炮火的攻击下，海军陆战队和美国海军通过兵工厂附近小溪上的火车桥，无人员伤亡。

义和团用木偶戏进行“反洋”宣传

THE BOXERS' PROPAGANDA: THE CHINESE PUNCH-AND-JUDY AS AN ANTI-FOREIGN INSTRUMENT

义和团一般用猪来代表传教士。竖着的牌子上是一些涉及宗教的政治画。他们到处散播这些画。

文学：新书评论

LITERATURE: NOTES ON NEW BOOKS

继以日本和爪哇为题的著作之后，伊莱扎·R. 西德莫尔（Eliza R. Scidmore）小姐的新书《中国，历史悠久的帝国》（*China, the Long-Lived Empire*）由纽约的世纪公司出版。这本续作写得惟妙惟肖。要总结西德莫尔小姐对中国和中国人的观察研究，用美国最流行的“时髦”一词最适合不过。大多数“时髦”的书都有一个通病：会给读者传达错误的观念。在西德莫尔小姐的书中，确切地说，给人留下的错误印象是她或多或少地表达了清朝问题是无法解决的，清廷面临的危险是不可预判的。依据过往经验不难看出，这些恐惧中有很多夸大的成分。虽然对西德莫尔小姐的观点不必太较真，但我还是得指出，在第 142 页，她提到端王不是道光皇帝（于 1850 年去世）的孙子、咸丰皇帝的侄子，而是咸丰皇帝的儿子，出现这样的错误，实属不应该。虽然书中的历史细节不准确，在政治问题上含糊其辞，但瑕不掩瑜，当作旅行见闻来看，这本书非常值得一读。

比如在第八章中，西德莫尔小姐拜访满族家庭的这一段非常好看。她特别描写了一家之主“太太”这个人物，形象地表现出一位贵族妇女该有的样子。就我们目前能想到的旅行书籍来说，还没有作者描写过类似内容。书里的另一个精彩故事，讲的是虚构的一位美国领事——琼斯上校。不管故事是否有夸张的成分，但琼斯上校与清朝人打交道的能力毋庸置疑，我们希望每个通商口岸都有一位琼斯上校。西德莫尔小姐还说，“清朝老迈、疲倦、病入膏肓”，但“渴望平静与安宁”。

清朝慈禧皇太后像。选自《中国，历史悠久的帝国》。

SEPTEMBER 1 1900 ◆ THE ILLUSTRATED LONDON NEWS ◆ SATURDAY，No.3202
1900 年 9 月 1 日 伦敦新闻画报 星期六 第 3202 期

清朝及南非战况

CHINA AND SOUTH AFRICA

上周，和外界看到的不同，清朝战场局势并没有太大变化。随着联军攻占北京，就目前已投入作战的部队来说，接下来一段时期应按兵不动。已有迹象表明，各国为各自利益产生的严重冲突与发生在清朝的战事密切相关。过去的一段时间中，欧洲各国军队、美国军队、印度军队及日本军队在解决北京的问题时团结一致，如今这一局面却转变为多方势力各自为政，当下各国各行其是无疑会使情况更加糟糕。

有传闻称通信线路中断。尽管消息不明朗，但考虑到当下状况，这一问题并不会造成严重后果。本报获得的消息称天津周边冲突不断，但总体而言联军占据优势。无论在什么情况下，相较于不堪一击的通讯线路，军事堡垒防御严密，针对此地的袭击不难应付。另有消息称，直隶省的战略部署目前处于停滞状态。当下清朝皇室外逃，日军骑兵正追踪他们，这类报道当然无需考虑专家观点。显然，清朝皇室正逃向陕西，而日军骑兵则无法继续往这一方向追击。除非为了满足自己的虚荣心，从其他任何角度来说，目前均无必要继续关注上述事态。

但清朝疆域如此辽阔，其中与我方利益相关者则值得关注，不应完全套用上述评述。英军第二旅已在长江流域登陆，俄军亦在东北地区采取非常行动。双方竞争如此激烈，对比之下，英国政府取得的成果相形失色。一言以蔽之，俄国经全面规划且谨慎审视后，已展露其吞并东北地区之意图，完全不顾这一行动将会导致其与日本交战。

清朝战场图册

CHINESE WAR PICTURES

联军前往天津途中遭遇了不少意外情况。能有机会描绘战时状况，随军画家十分高兴。其中一幅画作展现杨村铁路桥的场景。联军到达此地时发现铁路桥已损毁，桥梁部件被扔进河中。当时义和团试图顺流而下，正将枕木置于舢板中，很快联军抢回了这 4 艘舢板。这些舢板都很小，很快船头便堆满了军需物资及武器弹药。法军与德军各分得一艘舢板，英美两国组成的混合队伍分得两艘舢板。运送过程中发生一件小意外，其中一艘舢板负荷过大，无奈之下只得将一架 6 磅重的哈奇开斯（Hotchkiss）机枪扔下船。联军将伤员安置在舢板上，大部队则丢弃多余装备，与

6 月 19 日，联军在杨村附近弃乘火车。6 月 17 日，抢得 4 艘舢板。当时义和团欲顺流而下，正将枕木置于舢板中。图中由左至右分别是法军舢板、德军舢板、英美联军舢板。根据“百夫长”号随军人员利特尔约翰斯（W. G. Littlejohns）的速写绘制。

上图｜ 天津英军营房前的街垒。来自旧金山的华莱士（J. S. Wallace）供图。

下图｜ 天津街头。来自旧金山的华莱士供图。

一些苦力及铁路工人沿河岸行进。潮涨潮落，这条河流在这片平坦的土地上流淌，河岸上建有泥坝，并栽种了少许树木。将物资从铁路运往河边时，必然有所耽搁，此时军队可以在树荫下小憩片刻。

还有描绘清军休憩场景的画作。所处地地势平坦，可以用图案别致的旗布将旗杆包裹起来，水平放置在地面上，就好像随田地蜿蜒的铁轨。据称义和团聚于上海附近的吴淞营地。画中义和团高举旗帜，毛瑟枪数量也明显远比其他场景中所见更多。毛瑟枪按照欧洲方式堆放在一起。此处有大量类似军备，尽管在实战中这些装备多已被淘汰，但从表面上看仍旧具备不小的威慑力。还有描绘法军雇佣兵的画作，画中人物神态生动，令人印象深刻，其中包括安南士兵、越南（Tonkinese）士兵、阿尔及利亚步枪兵。其欧洲战友法国水兵作为背景也出现在画作中。

天津机器局着火。来自旧金山的华莱士供图。

与驻天津的联军同行

WITH THE TIENTSIN RELIEF COLUMN

在廊坊，不断接近火车的义和团被马克沁机枪逼退。根据“百夫长”号随军人员利特尔约翰斯的速写绘制。

清军一览

TYPES OF THE CHINESE ARMY

喇叭声伴随着战鼓声。

上图 | 正在休整的清军将卷好的旗帜置于地面上。
下图 | 在上海附近的吴淞地区集合的义和团。

在清朝的法军

THE FRENCH IN CHINA

在上海的法国殖民地分遣队。图中从左至右依次是安南步枪兵、越南步枪兵、阿尔及利亚步枪兵、安南喇叭手、海军燧发枪手。

西伯利亚前线的清朝人

THE CHINESE ON THE SIBERIAN FRONTIER

义和团与俄军在边境的冲突殃及了边境村落的俄国农民，他们只能选择逃走。本报刊登了海军上校史密斯·多乐尔（Smith Dorrien）在现场绘制的图片。通过图片可以看到当地兵荒马乱、居民惶惶不可终日的景象。

由于战争，弃村逃亡的俄国农民。根据皇家海军上校史密斯·多乐尔的速写绘制。

在黑龙江靠近西伯利亚一侧，俄军在平坦的空地修建战壕。在河对岸，清朝人的射击线清晰可见。多日来，成百上千具清朝人的尸体阻塞了河流。根据皇家海军上校史密斯·多乐尔的速写绘制。

为保卫通往北京的铁道线，俄军抽调了海兰泡的大量守军，仅留有 1500 名正规军，以及 500 名志愿者作为后备力量。俄国人担心城中的三四千名清朝人“闹事”，便让他们乘坐木筏渡江。由于渡河过程中的木筏皆处于超载状态，又有流弹飞向木筏，船上人员恐慌，导致木筏倾覆，人们落入水中溺亡，成百上千具尸体顺河漂流而下。同时，战壕及街道上的士兵多有伤亡。

由于黑龙江上游石勒喀河水位较低，俄国增援部队在两周后抵达黑龙江流域。他们所搭乘的汽轮为箱舟式船舶，另外征用了普通游船以增强运力。大型木筏在前方开路，后方跟随着载有外逃的农民及其马车、牲畜和其他财产的船只。

援助海兰泡的俄国士兵正向黑龙江下游行进。由于所有汽轮均被征用，俄国农民只能用木筏运送其财产。根据皇家海军上校史密斯·多乐尔的速写绘制。

正在天津周边村落战斗的八旗蒙古

TARTAR SOLDIERS DESTROYING VILLAGES ROUND TIENTSIN

正在天津周边村落战斗的八旗蒙古。英国皇家水彩画家协会的卡顿·伍德维尔绘制。

SEPTEMBER 8 1900 ◆ THE ILLUSTRATED LONDON NEWS ◆ SATURDAY，No.3203
1900年9月8日 伦敦新闻画报 星期六 第3203期

向天津进发的西摩尔司令

ADMIRAL SEYMOUR'S ADVANCE OF TIENTSIN

6月22日，一名随军画家描绘了西摩尔司令前往天津途中的一次意外事件。当时西摩尔的部队正在海河河岸上行军。西摩尔只携带一根竹制手杖前行，他身边有4名水手充当警卫，并有一名翻译陪同。突然，众人发现河岸后方，即海河另一侧，出现了一些清朝人。这时不过清晨4点，英军对此十分疑惑。此时，两名清军现身于河对岸，西摩尔则隔着宽约30码的水面向两人询问到天津还需多久。两人祝西摩尔一切顺利后便离开了。紧接着，一枚炮弹便落在英军所在的河岸。英军迅速找到掩体，展开反击。此时舢板正顺流而下，也同样遭到清军攻击，最前方的舢板上载有很多美军和我（英）军伤员。"百夫长"号上的两名水手跳到船外，并调转第一艘舢板的船头，避免其与另外3艘舢板分开，不过舢板上仍有4名伤员死亡。当天的战斗中，英军有7人死亡，20人受伤。

右图 | 向天津进发的西摩尔司令。根据"百夫长"号的随军人员利特尔约翰斯的速写绘制。

清朝及南非战况

CHINA AND SOUTH AFRICA

当前，清朝战场已逐渐演变为纸上论战，欧洲各国驻北京公使馆与各自政府之间电报往来频繁，争论的焦点主要是俄国的外交政策。据统计，在轰炸开始后的前 3 周内，超过 2800 枚炮弹落入使馆区。英国公使馆内捡到了数桶子弹壳。目前其他方面的一些具体数据已经统计出来了。据统计，在使馆被围期间，共有 54 名陆战队员及水兵阵亡，另有 11 名平民身亡，超过 100 人负伤。不过当联军抵达英国公使馆时，众人皆怀疑自己置身于游园会中，因为窦纳乐仪容整洁，胡须剃得精光，身上法兰绒服一尘不染，更是一副毫无畏惧的模样，而窦纳乐夫人与其他女士亦身着夏季礼服围绕于他身旁。

一直以来，慈禧太后与端郡王溥儁滞留于山西北部。传闻慈禧太后已指派庆亲王训政。庆亲王称，如果各国能保证其安全，他有意返回北京。李鸿章此时身处上海，并已向外传达其意向，其中之一是愿意代表朝廷与各国商谈。另有消息称，约 3000 名义和团拳民聚集于北京周边的南苑一带，为此联军再次采取军事行动。由于消息难辨真伪，敌情难测，因而难以估算应该投入战斗的兵力。其余事件可参照西摩尔司令的笔记，目前该笔记已出版。西摩尔带领军队首次进攻北京的行动并不成功，外界有言论抨击他们行动不力，而西摩尔在笔记中进行了辩驳。

德国新任驻华公使穆默博士

DR. MUMM VON SCHWARZENSTEIN, NEW GERMAN MINISTER AT PEKING

德国新任公使穆默博士听取了他人的衷告，并不急于前往北京，而是留在了上海。而据说德国公使格尔思在天津租界也准备了住宅。

德国新任驻华公使穆默博士。柏林的沙尔韦·希特尔（Schaarwü chler）拍摄。

大沽及天津场景一览

SCENES AT TAKU AND TIENTSIN

最近本报获取了一组照片。该组照片拍摄于著名的大沽炮台，拍摄者是一名曾参与夺取大沽炮台的海军军官。目前共有 75 名英军官兵、13 名意大利士兵驻守在大沽炮台。本报还刊登了这支小型队伍夜间巡逻的一张照片，另有描绘清朝俘虏及伤员的照片，足以满足读者兴趣。

联军在炮台内找到数百件清军制服，然而俘虏中竟无一人身穿军装，此事不免令人诧异。北炮台是大沽炮台中联军攻占的第二个炮台，其经由一条军用堤道与西北炮台相连。联军夺取西北炮台后，立即调转炮口轰炸北炮台，以压制北炮台的火力。然而，北炮台并未立即投降，一名日本水手在西北炮台升日本国旗时，被北炮台的炮火击中身亡。在悬挂日本国旗的旗杆附近，可以看到一门 150 毫米的阿姆斯特朗速射炮，这是大沽炮台内最大的一门炮。要塞装配有 40 门小型火炮，四周环绕着深达 12 英尺的壕沟。营房位于要塞中央，要塞东南角有一门 120 毫米的火炮。

后文中另有照片展示了大沽炮台内的其他武器装备，以及南炮台附近入河口的

在大沽夜间巡逻。目前共有 75 名英军官兵、13 名意大利士兵驻守在大沽炮台。海军上尉杰利科（Jellicoe）拍摄。

清军俘虏及伤员。最右侧的清朝人是大沽炮台指挥官的秘书。

场景。此处的制高点有一门 64 磅线膛炮，此处要塞共设置了 6 门这种火炮。读者可能更想了解正门的情况。正门上方设有士兵岗哨，联军正是从此处进入炮台。东北角设有一门 120 毫米的火炮，轰炸大沽炮台期间，这门火炮共被击中 5 次，不过如今它仍旧能够正常发射。火炮左近发现清兵尸体 28 具，他们应该是操作这门火炮的炮兵。西北炮台西南角还有一门规格相同的火炮。尽管防盾上只有一枚炮印，不过由于其混凝土基座坍塌，这门火炮交战初期已无法使用。

160 页图片记录下了联军首次进军北京失败这一事件。6 月 26 日上午，西摩尔司令觉察已经无法继续前进，只得率领纵队返回天津。此行共计 40 人阵亡，210 人受伤。过去几日中，众人常提及天津，而沙皇也由圣彼得堡发出敕令，让俄国公使格尔思前往天津。由于清朝皇室已逃离紫禁城，俄国政府认为格尔思没有任何必要继续留在北京。如今联军之间并非完全协同一致，俄军明确表示其赞同“不计前嫌”，这与其他国家的观点截然相反。俄军认为不需要清除任何对象，并且声称，他们来到清朝的目的是协助清朝政府镇压反抗势力，重建社会秩序，一旦大功告成，就应立即撤离北京。德国则表示，除非清朝政府修缮损毁的使馆，并且严厉惩处杀害公使的凶手，否则联军不会撤出北京。英国基本认同德国的想法。然而，分别位于北京和天津的欧洲各使馆之间又掀起新一轮不见硝烟的争斗。

西摩尔司令麾下的伤员到达天津。

占领大沽炮台

THE CAPTURE TAKU FORTS

北炮台上的日本国旗。旗杆附近是主炮，即150毫米的阿姆斯特朗速射炮。“巴夫勒尔”号上的海军上尉杰利科拍摄。

炮台中央及士兵营房。旗杆旁是一门120毫米的火炮。“巴夫勒尔”号上的海军上尉杰利科拍摄。

南炮台及联军进入炮台的入口。“巴夫勒尔”号上的海军上尉杰利科拍摄。

上左｜120 毫米的大炮。炮台已无法使用，防盾上可以看到一枚炮印。“巴夫勒尔”号上的海军上尉杰利科拍摄。

上右｜炮台东北角的 120 毫米火炮，遭到 5 次炮击，仍旧可以正常使用。“巴夫勒尔”号上的海军上尉杰利科拍摄。

下图｜攻占天津次日，俄军陆军第 12 军士兵在其阵地站岗。根据莱昂内尔·巴夫（Lioned Barff）先生的速写绘制。

北京城外，哥萨克火炮参战。英国皇家水彩画家协会的卡顿·伍德维尔绘制

远东问题

THE FAR EASTERN QUESTION

约瑟夫·沃尔顿（Joseph Walton）曾在远东游历8个月，并根据这一经历著有《清朝及当前危机》（*China and the Present Crisis*）一书。他特别反对向博古通今之人获取相关信息，故而书中观点分别来自三四名清朝总督或政治家、若干名俄国当权者、几名英国官员，其中令人兴味盎然的清朝社会百态则是由牛庄商人甄友定（Chen-yu-Ting）提供的。众人在某一点存在共识，即英国政策存在缺陷。汇丰银行北京分行经理熙礼尔（Hillier）将众人观点简述如下，大意是“因接连退让，导致我国声名扫地，从而对清朝政府再无任何影响力”。沃尔顿在书中阐述了诸多极具价值的观点，其中第一条便指出英国原有政策的谬误之处，以及由此引发的后果。

沃尔顿为此付出巨大努力，而此项工作中最具价值的是搜集了大量证据。这些证据涉及英国商业行为在清朝所占份额，以及清朝商业利益主要受到哪些威胁，这些威胁并非来自平等竞争，而是源于其他强国的敌对政策。以法属印为例，沃尔顿在书中第185页罗列出相关证据，事实显而易见。据沃尔顿所说，1885年该地进口货物中有八分之七来自英国、德国及瑞士，而如今法国凭借保护性关税基本垄断了当地贸易，高达四分之三的进口货物来自法国。当法国因利益问题与英国产生冲突时，考虑到当前印度的贸易状况，若英国仍针对法国的对华政策，比如“云南与四川矿产开采专营权”等问题，那便实在是愚不可及了。更何况，此前英法两国已就开发上述两省问题达成协议，协议规定两国享有同等的权利。

SEPTEMBER 15 1900 ◆ THE ILLUSTRATED LONDON NEWS ◆ SATURDAY, No.3204
1900 年 9 月 15 日 伦敦新闻画报 星期六 第 3204 期

孟加拉骑兵巡逻队正在押运一名义和团俘虏

A BENGAL CALVALRY PATROL ESCORTING A “BOXER” PRISONER

孟加拉骑兵巡逻队正在押运一名义和团俘虏。
英国皇家水彩画家协会的卡顿·伍德维尔绘制。

清朝及南非战况

CHINA AND SOUTH AFRICA

当前，清朝与南非战况对比鲜明。一方面，虽然英国在南非战场筹谋已久，如今胜利近在眼前，不过这是英军周旋多日、历经多次艰难尝试取得的结果，也因为各方均展现出坚韧不拔之精神，为达成目标不屈不挠。而在清朝战场，清军如一盘散沙，毫无抵抗之力，因而联军攻占北京后，一直无其他军事行动。另一方面，各国纷纷施展各种外交手腕。俄国建议各国立即撤出北京，幸而德国及美国对此强烈反对，这一建议只得作罢。各国若采纳这一建议，或许只会让当前的形势更糟。由于联军人数众多，瓦德西司令难以调遣如此庞大的军团，导致军队行事混乱，不少士兵为非作歹，使清朝人鄙视。

在和谈这一问题上，清朝人将其谋略发挥得淋漓尽致，其中最为鲜明之处即如今众人皆知的难题："找到皇帝"。而联军一直在快速地积蓄军事力量，可能会在6个月内彻底解决问题。据德国军事评论家估测，各国兵力如下：德国4个海军中队、11个炮兵连队及16个营队，包括2.2万名士兵及62门火炮；俄国3个海军中队、3个炮兵连队及12个营队，约1.5万名士兵及22门火炮；英国4个海军中队、2个炮兵联队及8个营队（显然英军中只有部分人员将听从瓦德西指挥），约7300名士兵及12门火炮；法国2个海军中队、13个炮兵连队及16个营队，约1.7万名士兵及76门火炮；意大利1个炮兵连队及2个营队，约2100名士兵及4门火炮；日本3个海军中队、10个炮兵连队及13个营队，约1.6万名士兵及58门火炮；美国14个海军中队、8个炮兵连队及6个营队，约1万人及48门火炮；奥地利300名陆战队员。共计9万名士兵及282架火炮。

近日联军又发动新的进攻。盖斯利将军攻占关键位置，由此可控制北京与保定之间往返的铁道线路。9月8日，联军进军保定。此外，英军第4旅正紧急赶往清朝；第20旁遮普军步兵团的约400人已在威海卫登陆。

高森中尉

LIEUTENANT J. R. GAUSSEN

据报道，詹姆斯·罗伯特·高森中尉在清朝战场负伤。高森中尉隶属第 3 孟加拉骑兵团，生于 1871 年，6 年前获中尉军衔，如今有望晋升，其晋升速度并不快。8 月 19 日，英、美、奥、日联军共 1000 精兵，在杜瓦德（Dorward）将军的带领下，突袭位于天津城外 8 英里处的义和团。战斗持续两小时，共杀死 300 人，俘虏 60 人。联军损失较小，包括高森中尉在内，共 7 人受伤。高森中尉的伤情并不严重。

隶属孟加拉骑兵团的高森中尉在天津附近负伤。

查默斯上尉

CAPTAIN R. C. H. CHALMERS

近日，罗伯特·克拉伦斯·希拉德·查默斯上尉带领所属第 5 步兵团海得拉巴分队前往清朝。查默斯上尉生于 1865 年，是已故的罗伯特·查默斯（Robert Chalmers）上校的独生子。查默斯上校隶属第 14 孟加拉枪骑兵团。查默斯上尉于 1886 年应征加入英国皇家汉普郡团第 1 营。两年后，他服役于印度参谋团，奉命参与第 14 锡克军团远征黑山的任务。之后，查默斯上尉加入第 5 步团海得拉巴分队，该分队是第 5 步兵团唯一一支派到清朝的队伍。查默斯上尉 1888 年在哈扎拉地区服役期间荣获奖章，并于 1897 年获得上尉军衔。

查默斯上尉。

清朝战场图册

CHINA WAR PICTURES

慈禧太后所到之处，必有宫廷仪仗队随行，其中皇家骑兵尤为独特，但如本报插图所示，此次出行大概是太后平生第一次摒弃此类仪仗队。

德国运输船行进方式迥然不同，本报特约画家约翰·舍恩伯格先生根据船上情景创作了一份速写。在前文卡顿·伍德维尔先生的画作中，描绘了孟加拉骑兵押运一名义和团俘虏的场景。

向清朝行进途中，德国军官正在“海因里希亲王”号上操练士兵。根据本报特约画家约翰·舍恩伯格先生的速写绘制。

行进中的皇室队伍

AN IMPERIAL CORTEGE ON THE ROAD

正如欧洲人所知，清朝并没有公路，出行基本依靠水路，所以即便是皇室出行，也必须在杂草丛生的乡间寻找路径。尽管出行如此艰难，但仪仗队却一丝不苟，随从高举着华盖、旗旗及刻有铭文的牌子。

右图 | 行进在路上的皇室队伍。

一家清朝理发店

A CHINESE BARBER'S SHOP

自清朝建立后，辫子就成了清朝人的标志。剃头及用丝绦编辫子是件精细活。纨绔子弟和贵族阶层一周至少打理一次头发，等级稍低一些的则每两周或一个月打理一次。为使头发油光锃亮，需要用上各类胶质物。打理头发的过程中，还会喷洒香水或抹上头油。

一家清朝理发店。

在天津外竹林[1]里的日本骑兵

CHARGE OF THE JAPANESE CAVALRY AMONG THE BAMBOO OUTSIDE TIENTSIN

正在天津外竹林里的日本骑兵。卡顿·伍德维尔绘制。

[1] 图中植物为玉米。当时的报道有误，图中的战斗疑为紫竹林租界之战。——译者注

SEPTEMBER 22 1900 ◆ THE ILLUSTRATED LONDON NEWS ◆ SATURDAY，No.3205
1900年9月22日 伦敦新闻画报 星期六 第3205期

庚子事变

THE CRISIS IN CHINA

本周，英军士兵在通州处理杂物销毁火药时，突然遇到爆炸，造成一名士兵当场身亡，两名军官及35名士兵受伤，其中近半数医治无效后死亡。

德国海军士兵与法国陆战队员在科伦坡买香蕉。根据本报特约画家约翰·舍恩伯格的速写绘制。

天津当地的基督徒与联军。根据记者拍摄的照片绘制。

本周伊始，帝林（Ti-lin）小分队自天津返回，并带来消息称义和团撤退至运河上游30英里处的一个村庄。据报道，与此同时1.2万名德军到达天津；配备着两门火炮的美军骑兵团驻扎在杨村，以护卫通信线路。在北京沿途的漠道（Mo-tao），一支美军陆战队与近2000名义和团成员发生激战。美军占据有利地形后，大量孟加拉枪骑兵赶来增援，并从后方冲击义和团，迫使义和团逃走。美军在这次冲突中没有伤亡，义和团损失200人。

德军则不如美军幸运。在北京城西部，德军与大量义和团短兵相接，共死亡20人。德军增兵至2000人后，立即追踪义和团到他们的藏身地良乡。当此类冲突正激烈时，却多次传出各国军队之间再次出现裂痕，因而人们对联军是否能继续协同作战持消极看法。当前俄国公使撤离北京，足以证明各国各行其是的负面传闻。各国对俄国公使撤离一事态度各不相同，然而俄国政府此举终究不利于欧洲各国的协同一致。众所周知，如今军事方面的压力已经微乎其微。似乎早有预兆要将瓦德西这位德国元帅任命为联军最高统帅，这一任命同样不会给包藏恶意的一方造成任何伤害。当下或许更易理解，瓦德西的作用主要不在于领导联军作战，而在于有效地协调各国和平解决争端。各国都需要这样一名人士在清朝处理各类事务。

同时，德国政府发布官方公告，意在重申其观点，即清朝政府首先必须严惩排外势力的煽动者。虽然杀害克林德的凶手已经被捕，并对自己的罪行供认不讳，而且已被枪决，但深谙中国文化的人都明白他只是替罪羊。英国公开支持德国政府的主张。

联军此行亦发生其他逸事，如前文插图所示，来自“阿基坦”号运输船的一队法国陆战队员与德国海军士兵于科伦坡登陆后，与当地商贩议价买香蕉。卡顿·伍德维尔所在的印度军团正前往北京，在所有军队中，这支英军的特色最为鲜明。

向北京行进的锡克士兵

THE SIKHS ON THE ROAD TO PEKING

向北京行进的锡克士兵。

塘沽和天津的景象

SCENES IN TONG-KU AND TIENTSIN

轰炸发生后，天津法国租界内的一条主要街道。

遭受战火破坏的塘沽。

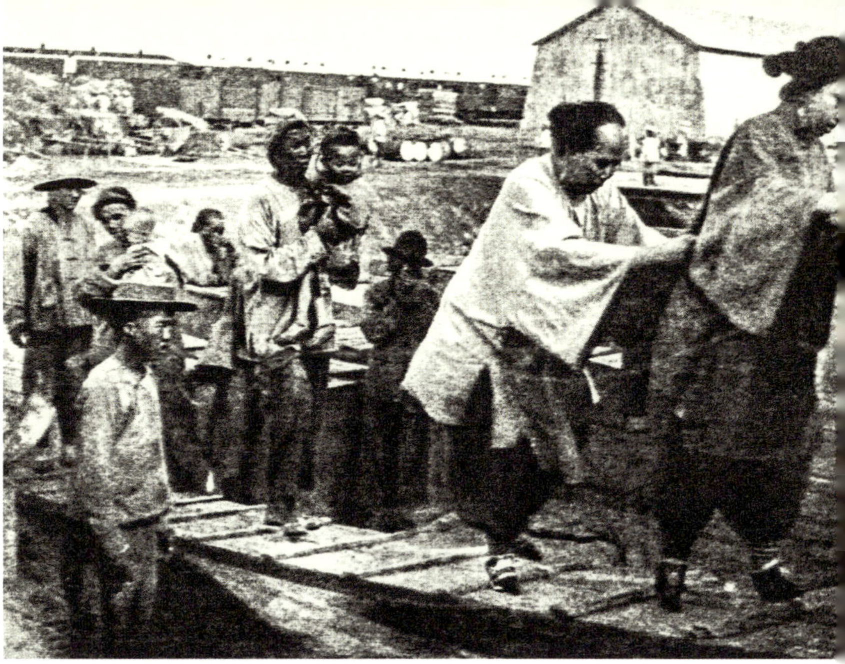

于塘沽登船的难民。

被战火毁坏的寺庙内部。

临行前，维多利亚州总督向海军部队训话

THE GOVERNOR OF VICTORIA ADDRESSING THE NAVAL CONTIGENT

维多利亚州总督向即将前往中国的海军部队训话。

城头上的战斗

FIGHTING ON THE RAMPARTS

城头上的战斗。卡顿·伍德维尔绘制。

女性篇章

LADIES' PAGE

在美国人和澳大利亚人还在坚决排斥中国移民时，伦敦一家私营洗衣厂则开始悄悄使用通过轮渡来英的清朝人。这家公司聘用了约 200 名清朝洗衣工，负责在伦敦北郊完成伦敦地区的衣物洗涤工作。如果这一尝试能够成功，也许会掀起一番新的浪潮：在此将会兴建一个以洗衣为主业的大型村落，而伦敦市内则会遍布无数家洗衣物接收处。

英国本土的女性洗衣工在洗衣时经常将白色亚麻衣物上染上其他颜色，再把染色的麻布衣物和丝绸衣物漂洗至看不出本色。和这些女性洗衣工一起工作的男性洗衣工同样粗枝大叶。他们运转机器时随意撕扯衣物上的褶边和蕾丝，把化学液体泼洒到精致的锦缎和平纹细布上，留下黄斑，用铁线在刺绣的茶点台布上印下条痕。看来终于可以不用把衣物交到这群人手中。他们完全是咎由自取，伦敦的洗衣房早已声名狼藉，甚至让麻木不仁之人大为不满。并非所有地区的洗衣业皆是如此。在法国和瑞士，经洗涤后的亚麻布依旧能够光彩照人。在美国，尽管洗衣费用昂贵，但工人在洗涤衣物时十分谨慎。从严格意义上看，这是首次将清朝移民引入英国。随着清朝移民的大量涌入，或将造成英国贫困阶层的妇女失掉洗衣等相关工作。这值得政府深思。

毫无疑问，清朝人在工艺制作方面出类拔萃，多种工艺品皆精美绝伦，足以证明其手工技艺巧夺天工。目前在我们收到的所有作品中，包括鬼斧神工的牙雕作品、绣工极为精细的绣品，以及仿马赛克工艺的瓷器。总之，这些都可以证实清朝的工艺水平登峰造极。无论提供什么样品，他们均能如实仿制。我认识的一位船长请清朝画师为他的船只作画，画作的所有部分皆无可挑剔，只是旗帜上的船名写反了，原因是当画师在观察船上细节时，恰好看到旗帜被风吹成那样。当我们谈论此事时，船长还分享了另外一则趣事。一名水手将一件必备衣物交给清朝裁缝，并特意指示裁缝必须完全按照该样品缝制新衣物。当水手收到新衣服时，发现裁缝竟然照着旧衣服上的一处补丁，在新衣服的相同位置也仔细地缝上一块不同颜色的布料，而这块旧补丁是由于水手在船上只能自己修补的无奈之举。清朝裁缝耗费不少工夫才找到和旧衣服的补丁颜色完全一样的布料，因此满心希望能得到水手的夸赞和感激。如今这种一丝不苟的作风早已一去不复返，那些从未离开故土的清朝人甚至也难以做到这种程度。然而，如果我们能将新式工作方法教授予清朝人，相信他们依旧能延续这种精益求精的精神。

我们应该让清朝人学会现代的洗衣方式。就我所知，清朝熨衣工在润湿衣服时，通常先将水含在口中，需要时再把水一口气喷向衣物。确实，这种方式缺乏我们认为必不可少的素养，事实上所有阶层的清朝家政工人普遍缺乏素养。一位澳大利亚朋友认为“素养的意义在于你如何发挥素养的作用”。她告诉我一件真事。当时她在悉尼拜访友人，这位朋友不久前聘用了一个清朝人为勤杂工。女主人对这名勤杂工赞赏有加。她说：“他做事很勤快，并且井井有条。我总是知道他在什么时候会做什么事情。我看看，现在他应该去清洗餐具了。你可以马上去厨房瞧一瞧他是不是在做这件事。”俩人悄悄去厨房一看，发现阿山（Ah Sin）竟然正在熬鱼锅里洗餐具。虽然诸如此类故事不胜枚举，但考虑到中产阶级女主人的家政工人普遍缺乏素养，因而如果有人推荐，毫无疑问这个清朝人在本地依然很受欢迎。

SEPTEMBER 29 1900 ◆ THE ILLUSTRATED LONDON NEWS ◆ SATURDAY，No.3206
1900年9月29日 伦敦新闻画报 星期六 第3206期

清朝及南非战况

CHINA AND SOUTH AFRICA

过去10天，联军重新在清朝展开军事行动。除小规模侦察行动之外，联军分别从北京和大沽调遣两支部队外出执行任务，此次任务异常重要。一支部队从北京出发，前往西面群山中的寺院，据说义和团攻占了此处英国人的避暑住所。另一只部队则于9月20日前往大沽北面附近的北塘炮台，这支队伍由俄军4000人、德军3000人、法军1000人及一支奥地利海军陆战队构成。针对北塘炮台的炮击从破晓时开始，一直持续到中午，清军迅速回击，直至上午10时。中午时分，尽管联军此前已经安排人员切断清军的后撤路线，但还是有约3000名清兵逃走，炮台内只剩下4具清朝人的尸体。攻占此类据点的行动相当重要，如果清军占据海防要塞，联军在内陆的行动将极为困难。和大沽炮台一样，北塘炮台在冬季也将被联军牢牢控制在手中。

去往北京西部的部队由英美军队组成，包括1500名士兵、4门火炮，指挥官是美国的威尔逊（Wilson）将军。这支队伍于9月17日出发；次日未遭任何抵抗便占领了位于八大处的寺院。此役击毙10人，多数义和团成员后撤。与此同时，一队孟加拉枪骑兵和锡克兵赶往三家店（San-kia-tien）的清军军械库，摧毁了大量现代枪械和军火弹药。

最近又有联军从北京撤出的报道传来。联军也在近日发布声明，到今年冬季，将留1万人驻守北京，其中包括一支英军旅队。考虑到如今政局不明，这一声明是否会如期执行尚不可知。李鸿章目前身在大沽，只有俄国对其表示敬意，其他国家对其则视而不见，因此他对当下状况十分不满。

陆军元帅瓦德西于9月21日抵达上海，随后在孟加拉枪骑兵的护卫下前往德国领事馆。瓦德西将由上海出发，经由大沽到达北京。据说，他会很快返回，以便能在熟悉的地方越冬。与其说瓦德西是军事统帅，不如说他是军事外交家，如今大家肯定十分认同这一说法。而且很显然，未来几个月这位军事外交家必定会忙得焦头烂额。

英国皇家海军上尉雷伊

LIEUTENANT W. B. S. WREY, R. N.

英国皇家海军上尉威廉·鲍彻·谢拉德·雷伊服役于第二艘派往清朝的旗舰“巴夫勒尔”号上。雷伊上尉今年 35 岁，1882 年入伍，首先服役于“亚历山大”号，并于 1888 年晋升为中尉。雷伊上尉的家乡德文郡素以海战闻名，他是准男爵亨利·鲍彻·托克·雷伊的小儿子。3 年前，雷伊上尉与弗洛里亚·巴瑟斯特结婚，她是已故海军中将格里夫（W. S. Grieve）的女儿，婚前居住在特威德河畔贝里克郡的奥德宅邸。

英国皇家海军上尉雷伊。汤姆森（Thomson）拍摄。

义和团在此城墙上炮击使馆区的外国人

THE WALL FROM WHICH THE BOXERS BOMBARED THE LEGATIONS IN PEKING

义和团在此城墙上炮击使馆区的外国人。这段城墙也是北京内城与外城的分界线。

在松江阅兵场训练的清军

CHINESE REGULARS DRILLING ON THE PARADE-GROUND AT SUNG-KIANG

持枪的士兵不用下跪，但需要蹲下。当听到开枪命令时，他们会大喊一声“吼”，以避免无谓地浪费火药。站在右侧的军官身穿夏季军服，通过击打战鼓发出所有命令。

在松江阅兵场训练的清军。

萨道义

SIR ERNEST SATOW

英国驻日本公使萨道义可能会替代窦纳乐爵士成为驻清朝公使。埃利奥特及弗赖伊照相馆提供。

俄军在清朝东北地区

THE RUSSIANS IN MANCHURIA

哥萨克士兵及火炮从海兰泡启程前往清朝东北地区，把守当地的铁路。

天津遭轰炸后的景象

SCENES IN TIENTSIN AFTER THE BOMBARDMENT

天津北门的塔楼被法军占领。

天津城内一座炮台附近的高塔，曾遭到联军炮击。

上图 | 火车站附近俄军士兵的营帐。

下左 | 被摧毁的火车站。

下右 | 天津城墙。

OCTOBER 6 1900 ♦ THE ILLUSTRATED LONDON NEWS ♦ SATURDAY，No.3207
1900 年 10 月 6 日 伦敦新闻画报 星期六 第 3207 期

清朝及南非战况

CHINA AND SOUTH AFRICA

当前，种种迹象表明，由于联军之间军事部署欠缺一致性，各国必会发生摩擦。近日有消息从北京传来，称英军及俄军已分别占领一小段铁道，并派兵守卫，旨在修复这段铁路。这一做法导致修缮工作毫无章法，自然也无法确定修复日期。在当前情势下，维持清朝为数不多的铁路继续运转十分重要，若联军之间摩擦不断，可能会导致情形恶化。

联军在 9 月 21 日占领北塘炮台后，奇袭芦台（Lutai）。该地可俯瞰天津与山海关间的往来铁路，战略地位举足轻重。俄国的哥萨克与西伯利亚骑兵在这一战中出力最多，清军仓皇逃走。显然，联军占领北塘炮台与芦台之后，有意进攻山海关。据最新消息称，联军于上周一由大沽向山海关方向派兵，此举事关重大。这支部队由海军及陆军构成，地面部队达 4000 人。他们将在山海关南部登陆，并与占领芦台地区的俄军分遣队协同作战。攻占山海关对联军具有重要战略意义，不仅能把山海关作为联军新的登陆点，而且可以保证当地的铁路支线火车站的安全。值得一提的是，英国投资商对这条铁路尤为感兴趣。当前，英国唯恐俄国抢先一步，因而有意掩饰本国商人对该条铁路的计划。

联军另派军攻占北京周边地区，以扩大战果并保证通信线路的安全。然而，如果攻占不了保定府，显然就无法彻底完成肃清敌对势力这项工作。保定府与北京之间有铁道相连，从北京到保定府的距离与北京到天津的距离差不多，由于联军大部队正从北京撤离，从北京沿铁路进攻保定府显然不是件容易的事情。

与此同时，英俄两国将领已着手将本国大部队撤出北京，此举使得仍驻守在北京的其他国家军队大为不满。近日有消息传来，称理查森（Richardson）将军带领第 16 孟加拉枪骑兵团抵达北京。在进京路中，理查森将军已将第 3 孟买骑兵团部署在交通线沿线。

前往北京的联军

WITH THE ALLIED FORCES TO PEKING

前往北京的联军。根据莱昂内尔·巴夫的速写绘制。

1. 在北塘炮台开战：最初的几枚炮弹炸死了两名日军及两匹战马。
2. 北塘炮台战斗：日军伤员在玉米地里。
3. 联军开始攻打杨村。

联军舰队驶离上海

THE FLEET OF THE POWERS OFF SHANGHAI

联军舰队驶离上海。根据本报特约画家舍恩伯格发回的两张速写中的一张绘制。

“波特兰公爵”号运输船上的军队在上海登陆

TROOPS DISEMBARKING AT SHANGHAI FROM THE TRANSPORT “DUKE OF PORTLAND”

“波特兰公爵”号运输船上的军队在上海登陆。根据本报特约画家舍恩伯格发回的两张速写中的一张绘制。

庚子事变

THE CRISIS IN CHINA

一队美国传教士在 6 月义和团运动爆发之前逃离当地，于近日抵达英国，并向众人讲述他们此行的经过。其中马为力（Mark Williams）牧师受美国公理会资助，已在中国布道 34 年之久。史瑞格（W. Sprague）牧师则由其夫人陪同。此外，还包括罗伯茨（J. H. Roberts）牧师及医学博士莫德珂（V. C. Murdock）小姐。5 月末，通州地区局势开始动荡不安，北京城中传言发生动乱，因此张家口地方官告诫当地牧师尽快离开。众人跋涉一天一夜后到了达吾代（Tautai）。此地蒙古族老首领也很为难，只得恳请他们离开此地。两日后，众人到达哈柔撒（Harausa）。这是一处蒙古族部落，距离戈壁滩很近。众人希冀能在此处暂留几日，但不久当地官员就下达驱逐令。众人只好横穿戈壁滩。一大批瑞典人的加入使得逃亡队伍日益壮大。众人为此行共筹得 20 头骆驼和 19 匹马，另为妇女儿童准备了 6 辆运货马车。这支队伍在热浪中行进多日，全程没有水源补给，也看不到任何绿色。一个多月后，众人终于到达沙漠另一端的库伦[1]（Urga）。当地俄国领事在领事馆准备了 14 间房供众人休息，但众人只能在此休息 3 晚，因俄国领事手下近 2000 名蒙古兵对这支逃亡队伍虎视眈眈，使得他不敢继续款待众人。众人历经长途跋涉后到达此行终点，即俄国边境城镇恰克图（Kiakta）。此时大部分人已虚弱不堪，幸得西伯利亚铁路公司帮助，众人才得以搭乘火车于两周后抵达圣彼得堡。

众人安全到达俄国边境城镇恰克图。

[1] 今蒙古国首都乌兰巴托。——译者注

从左至右依次是史瑞格牧师、史瑞格夫人、马为力牧师及罗伯茨牧师。韦布（Webb）拍摄。

在戈壁滩中行进32天后，众人在恰克图扎营，并得到哥萨克士兵的护卫。

驻防将军

THE TARTAR GENERAL

驻防将军驻守满城，掌管所有满族军队，极有声望。当他应约外出之时，众人皆对其随行队列行注目礼。如下面插图所示，驻防将军端坐于轿子中，通过法国桥后进入广州城。轿子外表为绿色，顶端装饰有镀金球，由4名苦力抬着，将军的衙役则随行左右。另一张插图中可见将军护卫，这些满族士兵正护送驻防将军前往与各国领事会晤。

清朝东北地区的面积约为英国本土面积的四倍。几条知名的河流将清朝东北地区与俄国分隔开来，近来经常提及的黑龙江就是其中一条。鸭绿江和图们江则将此地与朝鲜隔开。清朝东北地区动植物资源丰富，橡树、榆树、胡桃树及松树等植被密布，黑熊、老虎、花豹、黑豹等野生动物随处可见。鲑鱼在当地的两条河流中比比皆是。尽管清朝东北地区的律法在名义上与清朝其他地区相同，但实际上当地完全由军队管制。几乎所有重要官职皆由军官担任，部分原因是因为此地匪盗横行，对其必须严厉镇压。无论如何，这足以证明掌管满族军队的驻防将军的重要性。

驻防将军进入广州城。

护卫驻防将军的满族军队。梅布尔·巴德（Mabel Budd）小姐供图。

OCTOBER 13 1900 ◆ THE ILLUSTRATED LONDON NEWS ◆ SATURDAY，No.3208
1900 年 10 月 13 日 伦敦新闻画报 星期六 第 3208 期

德军士兵挨家挨户搜查义和团

GERMAN SOLDIERS SEARCHING HOUSES FOR ARMED “BOXERS”

德军士兵挨家挨户搜查义和团。卡顿・伍德维尔绘制。

清朝及南非战况

CHINA AND SOUTH AFRICA

不得不遗憾地承认，从过去几周清朝的军事情形来看，英国在远东的地位已大不如从前，逐渐退居次席。盖斯利将军目前没有部署任何军事行动，精明的现场观察员严厉批评盖斯利将军的军事策略过于软弱，导致这支训练有素的部队在清朝攻城掠地中逊色于其他国家。在入驻冬季营地之前，联军应该会安排多次行动，目前仍无法确定英军是否会扮演重要角色。显然在近期的几次行动中，英军已非主力部队。

截至本报道发稿时，冬季仍留在北京的部队包括德军 8000 人、英军约 3000 人、日军 2000 人、俄军 1500 人及美军 1500 人，并申请了约 6 个月的给养。目前北京周边仍有义和团活动，不久前义和团攻击了京津要道上马头镇（Ma-tou）的军事哨所。此外有足够理由证明，北京城中藏有大量现代化的武器弹药，而在冬季，北京城内或周边地区很有可能发生有组织的起义，届时瓦德西恐会疲于应付。

与此同时，去往保定府的联军略微有所延迟，不过，本文刊印之时，联军应已攻占保定府。之前清政府放话会誓死抵抗，但实际上并非如此。

众人如今对西安府抱有极大兴趣，不久前清政府发布公告宣布此地为首都。据称朝廷在此集结了 20 万兵力，不久后这些装备现代武器的士兵将在董福祥将军的率领下开拔。是否直指北京或上海还有待验证，不过无论其目标是哪里，瓦德西都应提高戒备。而如今，瓦德西正被平衡各国关系一事搞得精疲力竭。

与上周预测相差无几，联军占领北塘炮台及芦台要塞后，又攻占了山海关，此役似乎各国均参与了行动。另外，上海及广州周边地区的局势有些动荡不安。

龙椅

THE DRAGON THRONE OF CHINA

北京是清朝皇帝的所在地。龙椅以乌木雕刻而成，其中镶饰有黄金，坐垫为深蓝色绸缎材质。龙椅两侧各立一柄障扇，扇面为飞鸟造型。龙椅更远处的两侧分别放置一个木箱，箱中装有皇帝的朝服。龙椅后侧立着一扇大型屏风，屏风上镌刻有龙及其他饰物。这些雕饰外表看似奇异，技艺却巧夺天工，足以证明这个东方大国的装饰技艺已臻化境。

龙椅。

在清朝的联军

THE ALLIED FORCES IN CHINA

战时教堂通常都会被军队征用，成为名副其实的军事要地。古代欧洲的教堂与军事要地的界限并不清晰，教堂通常被建为堡垒样式以应对突发情况。自诺曼王朝之后，即便是不堪一击的哥特式教堂也不免要直面大炮攻击。听说，现在许多法国教堂的地面上仍然可以看到马蹄印。清朝庙宇也无可避免地被军队占用，而有信徒认为这种行为是对佛祖的亵渎。例如，在天津的美国军队将其总部设于专为礼佛而建的围墙之内。如下面插图所示，这处场所并非完全适宜军事用途，但至少四周建有坚固的围墙，能够抵御外界攻击。而从其他插图中可以看到在白河上行进的俄军炮兵团及船上装载的物资，这些物资包括日常给养。在塘沽的俄军马车营地中，还将见到这些物资。摄影师拍摄照片的时机恰如其分，满载物资的马车好像是专门为拍摄而准备的。照片中的面包师并没有用双手和面，胳膊上也没沾满面粉，而是像和平时期一样，惬意地闲坐着。

美军抢占天津一所庙宇作为其总部。

上图 | 白河上的俄军炮兵团。

下图 | 塘沽的俄军马车营地。照片由通讯记者提供。

德军士兵在孟加拉枪骑兵的协助下发动攻击

GERMAN TROOPS CHEERING A CHARGE BY THE GENGAL LANCERS

德军士兵在孟加拉枪骑兵的协助下发动攻击。根据卡顿·伍德维尔的速写绘制。

OCTOBER 20 1900 ♦ THE ILLUSTRATED LONDON NEWS ♦ SATURDAY，No.3209
1900 年 10 月 20 日 伦敦新闻画报 星期六 第 3209 期

牛庄的俄军与手持大刀的义和团

THE RUSSIANS AT NEWCHWANG: A TEST OF “BOXER” INVULNERABILITY

8 月 4 日上午 7 点 30 分，牛庄的义和团向俄军及外国志愿兵守卫的街垒发动第一波袭击。他们乘坐箱式马车，手持大刀，勇往向前。第一轮齐射后，其中 3 人中弹倒地，其他人随即消失在街边小巷中。

牛庄的俄军与手持大刀的义和团。根据通讯记者拍摄的照片绘制。

清朝及南非战况

CHINA AND SOUTH AFRICA

瓦德西元帅近日就军事局势发表声明称，尽管其登陆时间有所延误，也没有按时派驻德军分遣队，同时协调各国指挥官团结一致共同作战亦面临初步困难，但他对当前的状况已经相当满意。瓦德西认为，尽管目前局势尚属安定，但这只是义和团为了将来发动袭击所使的障眼法，他相信联军依靠自己的战略部署必能将义和团的袭击消灭于萌芽状态。

近来一再提及的前往保定府的两支联军（每支约 5000 人），于 10 月 12 日分别从北京和天津出发，预计 10 月 19 日到达保定府。路上很有可能会遭遇阻击，所以很有可能延迟几天到达保定府。

从北京出发的队伍由盖斯利将军指挥，分为 3 支纵队，分别为英军 2000 人、德军与意大利军 2200 人、法军 1600 人。据说，分别来自天津和北京的联军抵达保定府后，将由盖斯利将军任总司令。从北京出发的 2000 名英军士兵中包括一个野战炮兵连、第 16 孟加拉枪骑兵团、第 1 锡克军团、俾路支[1]军及工兵。从天津出发的队伍同样由 3 支纵队构成，分别为坎贝尔（Campbell）准将麾下英军 1500 人、冯·克特勒（Von Ketteler）将军麾下德军及意大利军 2000 人、巴尤（Bailloud）将军麾下法军 1500 人，他们全部由巴尤将军指挥。其中英军部队包括骡马炮兵队伍、1 门机关炮、维多利亚州士兵 150 人、第 3 孟买骑兵团、第 20 旁遮普军团、马德拉斯[2]先锋队及皇家香港军团。这支纵队与另两支纵队分开行动，后者将直接前往保定府。而这支纵队将绕行至保定河南部，穿过大量村落，这些村落可能是义和团的据点，因而该纵队很有可能在此处频繁战斗。

除却上述联军行动，当下众人的目光聚焦于广东与广西两省。显而易见，这两省目前局势动荡不安。有迹象表明，革命者正准备在此兴起大规模武装暴动，意图推翻清朝政府在中国南方地区的统治。因此，有必要从香港派遣 360 名孟买步兵和香港炮兵增援九龙边界地区，以抵御不明势力入侵。

---

[1] 俾路支省位于巴基斯坦、伊朗、阿富汗三国交界地区。——译者注

[2] 印度东南的一个热带城市。——译者注

俄军在清朝东北地区的行动似乎即将结束。俄军南部军团和北部军团目前已在奉天以北会合。据说，一旦夺回连通哈尔滨和旅顺港两地的铁路支线，俄军行动即告终止。

驻京公使馆的军事行动

THE DEFENCE OF THE PEKING LEGATIONS

英国公使馆的屋内。使馆被围困期间，法国公使毕盛、法国公使随员的夫人们均居住在此地。根据通讯记者拍摄的照片绘制。

上图 | 城墙上义和团留下的射击孔。借助于城墙上的射击孔，义和团可以防止信使出入。
下图 | 英国公使馆内国际医院的一些病人和护士。根据邦迩（L. R. Barr）拍摄的照片绘制。
右图 | 驻京公使馆的军事行动。根据翟兰思和邦迩拍摄的照片绘制。

1. 德国一等秘书宅邸遭炮击后被毁坏。
2. 英国一等秘书宅邸搭建起街垒以抵御炮击。
3. 守在翰林院（Han Lin college）街垒上的英国水兵，他们来自“奥兰多”号。
4. 由英军守卫的日军防线遭炮击后被摧毁。
5. 日军防御工事遭炮击后部分被摧毁。

1

2

3

4

5

上图 | 御河上连通英国公使馆及肃亲王府守军的道路受到严密保护。根据翟兰思拍摄的照片绘制。
下图 | 北京城内的大火。美国公使馆附近的民居遭焚毁。根据翟兰思拍摄的照片绘制。
右图 | 围困使馆期间，英国公使馆的内部情况。根据通讯记者拍摄的照片绘制。

上图｜使馆被围困之前，英国公使馆的平民立即被召集起来，匆忙搭建横贯马路、直通使馆前门的防御工事。根据翟兰思拍摄的照片绘制。

下图｜从德军所在地眺望清军营地。所有士兵都走出营房看着镜头，但很快被长官赶走。根据翟兰思拍摄的照片绘制。

右图｜俄军击退义和团对街垒的攻击。街垒是由俄军匆忙搭建而成，之后被砖墙取代。这支分遣队由冯·哈登（Von Rahden）男爵指挥。根据翟兰思拍摄的照片绘制。

上图 | 见习翻译宿舍。右侧房间一片狼藉，前方的翰林院已成废墟。窗户上堆砌着砖块和沙包，宿舍房顶遍布枪眼。根据翟兰思拍摄的照片绘制。

下图 | 一队清军士兵在北京街头列队而行。士兵肩扛步枪，并用手托起枪口处。根据邦迩拍摄的照片绘制。

OCTOBER 27 1900 ◆ THE ILLUSTRATED LONDON NEWS ◆ SATURDAY，No.3210
1900 年 10 月 27 日 伦敦新闻画报 星期六 第 3210 期

清朝及南非战况

CHINA AND SOUTH AFRICA

《英德协定》可能对清朝当前形势造成深远影响。协定中的条款已在本周伊始对外公布。协定主要内容直指门户开放政策的持续时间，以便协调各国对清朝的政策，不过目前还无法预测该政策能够维持多久。众人对当前状况深表忧虑，唯恐《英德协定》的深层次目的引起严重的军事后果，因为该协定是为了阻止任何一方势力利用当前复杂的情势，在清朝局部地区攫取自己的特殊利益。条款明确表示，该协定的订立与清朝东北地区有关。同时，不出意外的话，俄国最终不会同意放弃业已实际侵占的清朝东北地区。当前，俄国或许还会谎称其仅仅是为护卫延伸至旅顺港的铁路，以掩饰其占领清朝东北地区的意图，但这类谎言迟早会被揭穿。届时如果英国及德国要求俄国对此做出解释，后果必然不堪设想。另外，毫无疑问《英德协定》能够提高英国与德国在远东地区的地位。从某种程度来说，英德两国的优势与德国的军事实力有关。不过，由于当下德国的海军实力还不够强大，使得英德两国的优势大打折扣。

有关保定府战略部署的详细信息已经于上周末对外披露。尽管分别从北京和天津出发的两支联军未按计划到达，也有可能双方本来就无意于此，不过现在保定的军事行动已经结束。事实上，当从北京出发的联军攻入保定府时，发现此地已被法国的一支“独立纵队”占领，这支队伍已经在此驻扎了两天，众人对此表示十分惊讶。在巴尤司令麾下军队出发的前几天，一支法国炮兵团离开天津去往海松县（Hi-sung-hsien）接应当地的法国牧师，占领保定府的独立纵队很有可能就是这支法国炮兵团。英军和德军觉察被人抢先一步后自然懊恼万分，不过谁让法军如此雷厉风行呢。

瓦德西已在北京安定下来。目前他显然忙得焦头烂额，不仅要筹谋军事策略，还需协调各国间的微妙关系，特别是英俄两国之间。前者占有了天津与山海关间往来铁路的所有权，后者将沿线所有车站据为己有，且极不愿意将其拱手相让。目前义和团仍在北京周边地区活动，不过众人更为忧惧南方各省的叛乱，因为叛乱目前发展得颇为迅猛，大有赶超太平天国运动的趋势，不过各国在当地的传教活动并未受到这些叛乱的影响。

混乱中的清朝

DISTURBED CHINA

当下清朝的危机是自现代社会有记载以来持续时间最为长久的一次，如今终于尘埃落定，但这并不代表事态趋于平静，大概“混乱中的清朝”这一标题在相当长的时间内仍将继续占据新闻头条。我国如今在清朝的情形与 8 月时无大不相同。今天，本报会继续刊登舍恩伯格的现场画作。

如今窦纳乐已经平静地与北京告别。他的这次经历势必会在历史上留下浓墨重彩的一笔，与南非战场上发生的事件不相上下。如果说在过去的几个月，南非战况使得清朝战况相形失色，甚至黯然无光的话，对此也很好解释。英国同样密切关注清朝战场，但只派出了少量士兵，而向南非则派遣了 25 万人，自然这场战役更能吸引众人的关注。然而，在上述情况下，士兵多寡才是决定胜负的关键，而非权谋。另外，萨道义在澳大利亚分遣队护卫之下于本周抵达北京，接替窦纳乐。

庚子事变

THE CRISIS IN CHINA

1900 年 8 月，白河上的舟桥。根据本报特约画家约翰·舍恩伯格的速写绘制。

8 月 25 日，威海卫医院的场景。根据本报特约画家约翰·舍恩伯格的速写绘制。

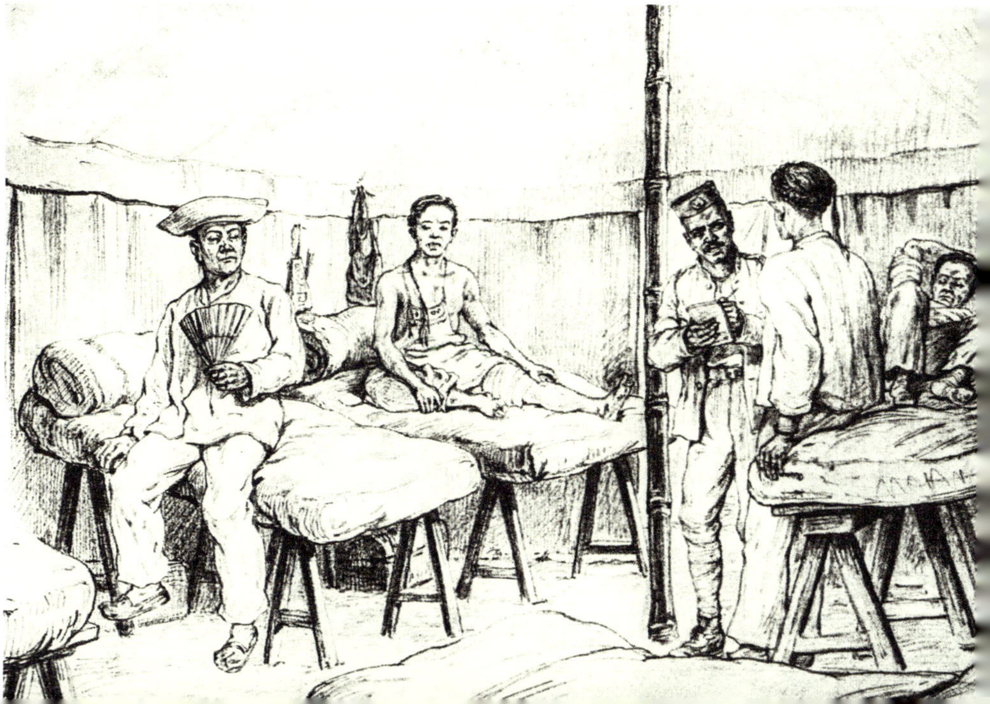

铁道上的战斗。根据本报特约画家约翰·舍恩伯格的速写绘制。

在总理衙门门口的俄军士兵。卡顿·伍德维尔绘制。

上图 | 天津法国租界附近遭到焚毁和劫掠的城镇。根据本报特约画家约翰·舍恩伯格的速写绘制。
下图 | 冬季，北京城外运货的骆驼。根据立德（Archibald Little）夫人拍摄的照片绘制。

被英军俘虏的义和团。根据本报特约画家约翰·舍恩伯格的速写绘制。

遗失在西方的中国史

英国画报看庚子事变（下）

赵省伟 编　赖莎 刘婵 邓姝月 译

中国画报出版社·北京

NOVEMBER 3 1900 ◆ THE ILLUSTRATED LONDON NEWS ◆ SATURDAY，No.3211
1900 年 11 月 3 日 伦敦新闻画报 星期六 第 3211 期

清朝及南非战况

CHINA AND SOUTH AFRICA

各国对《英德协定》的反应冷热不一。目前这项协定还没有影响到战事。同时俄国的回复流露出了一丝怒火，情况一天天地清晰起来，尽管俄国官方否认将吞并清朝东北地区，但许多身份显赫、消息灵通的俄国人已经感觉到清朝东北地区数周之前已经被俄国吞并，成为了其自治领地。报道担心，俄国很快便会在实际占领区制造骚乱，并以此为借口，强迫其他各国允许其继续在清朝东北地区驻军。莫斯科外交官的经历证实了他们的干涉行为，不久之后俄国可能会强硬表态，除非允许俄军使用铁血手段对清朝东北地区进行管理与占领，否则不可能维持清朝东北地区的秩序。如果英德恪守协定，那从长久来看，清朝东北地区就算不是军事争端的焦点，也会是政治斗争最激烈的焦点。

那位军人出身的外交家窦纳乐已经离开了北京，萨道义接任了他的职务。带兵攻占保定府的盖斯利正率领英军返回北京。另北京至天津的电报已经恢复。

攻占保定府对当地带来的影响看起来并不大，一方面是因为小部分法军已经先于集结的联军入城；另一方面是因为联军的统帅与当地官员妥协，只有约 300 名士兵入城。

一支由 1000 名德国士兵、俄国士兵、法国士兵组成的联军于 10 月 24 日离开天津，其中，德国部队前往香河县，俄法部队前往宝坻。此次任务是为了保护天津至北京的右侧通信线路。义和团的一支劲旅已经占领了天津东面约 40 英里的一处位置。4 天后，返回的联军与之激战，义和团逃走。

长江流域与南方诸省的军事形势越发严峻。据说在南方诸省，这场叛乱演变成了一场“杀戮的狂欢”；而在长江流域，尽管人们认为两江总督对联军友好，但清军正使用留洋教官勤加操练步兵，大批火器弹药也正从此处源源不断地运往位于西安的朝廷。

庚子事变

THE CRISIS IN CHINA

清朝的战事掩盖了欧洲对于这个遥远而又幅员辽阔的国家的农业、商贸及所有其他内部事务的兴趣。义和团、凄凉的首都街道、数英里长的城墙、闷闷不乐却熙熙攘攘的人们，这些便是首都生活的一切奇特写照。人们经历了糟糕的剧变；但是游客们的目光或是不曾涉足那里的人们的想象，已经漫游于这个帝国遍布舢板的河流、水道里。

不止一位美国加利福利亚人与澳大利亚人向我们描述看到清朝人如何在农田里

正午时分的海河：美国哨所。根据本报特约画家约翰·舍恩伯格的速写绘制。

夜晚时分的海河：英国军需部门租赁的中式木舟正前往北京。根据本报特约画家约翰·舍恩伯格的速写绘制。

处理早季蔬菜与其他经济作物，手段之精细，方式之成功，令他们五味杂陈。清朝人任劳任怨、专心致志、沉着冷静。他们的国家风景不算优美，他们对奇装异服也已见怪不怪。226—229 页图片呈现了一些关于农田与漕运的生动例子。后文还有些插图展现了北京英国公使馆内部的两处陈设，其带来的强烈反差更加深了以清朝方式呈现西方事物的怪异感。我们的印度军队同样来自东方，但是除去英国公使馆内礼拜堂的建筑风格和宴会桌上的装饰，他们与清朝鲜有相似之处。近年来，清朝在其他方面也经历了全景式的国际化，这些场景对清朝传统绝对是一种颠覆。这支联军集结了有史以来最多的国家。通过观察上海迎接瓦德西的仪式，可以注意到联军的国际化——汇集了来自世界各国的战舰与身穿各国军装的军人。

海河之上：载有英军补给的木舟。根据本报特约画家约翰·舍恩伯格的速写绘制。

1900 年 8 月 19 日，第 1 孟加拉枪骑兵队在天津外城发起进攻。“在这场战斗中共抓获 37 人，其中 13 名为义和团成员，另有 200 名清朝人被杀。”（节选自舍恩伯格的信件）根据本报特约画家约翰・舍恩伯格的速写绘制。

上图 | 北京英国公使馆的礼拜堂。
下图 | 北京英国公使馆的宴会厅。立德夫人供图。

NOVEMBER 10 1900 ◆ THE ILLUSTRATED LONDON NEWS ◆ SATURDAY，No.3212
1900 年 11 月 10 日 伦敦新闻画报 星期六 第 3212 期

修复海河支流上的一座桥梁

THE CONSTRUCTION OF A BRIDGE OVER A CREEK NEAR THE PEI-HO

修复海河支流上的一座桥梁。赖特（H. C. Seppings Wright）根据从清朝发回的照片绘制。

清朝及南非战况

CHINA AND SOUTH AFRICA

由于严重缺乏协调和合作精神，陆军元帅瓦德西所率联军在直隶地区的占领行动非常缓慢。来自天津的消息宣称“疑虑重重、组织松散、缺乏安全保证仍然是联军占领地区的主要特征”；来自山海关的情报也是同样。联军因为地点分配问题产生了不容小觑的摩擦，需要指派一个特别委员会协调处理。目前直隶就是这样的状况。

北京看起来稍微平静了一些，不少当地人开始返回城里。然而，清廷现在位于西安。种种迹象表明，在未来相当长的时间之内皇帝都不会出现在北京。清朝百姓也明白，只要外国军队还占领着北京，皇帝就不会回京。联军也不大可能放弃北京，和谈似乎陷入了某种僵局，远远没有达到令各国满意的程度。

东江（East River）的革命党发现他们的武器只够他们进行一场漫无章法的战斗，只好溯江北上，起义也进入尾声。[1] 为了躲避广东政府军的追捕，革命党逃到了香港，这一现象令人玩味。由于英殖民地是安全的，他们不再有顾虑，而到了冬季这里的驻军也会大大增加。北京来的英国皇家威尔士燧发枪团与天津来的第 1 孟加拉枪骑兵队已于近日抵达香港，已着手修建过冬的营地。

最近有一份关于东北地区的重要通告。通告宣称阿莱克塞夫（Alexeieff）司令已通过李鸿章让清朝承认该地区“处于俄国的保护之下”。正如《泰晤士报》的莫理循博士的评论，“这样的保护对帝国不利”，这也是对《英德协定》的公开嘲讽。

本报刊发的清朝照片

OUR CHINESE PICTURES

西安是陕西的首府，位于富庶的渭河流域，之前讨论流亡太后的行踪时曾多次提及。西安位于北京西南约 700 英里处，这让惩治“罪魁祸首”的联军有些气馁。

[1] 指的是孙中山领导的惠州起义。——译者注

清廷新址：陕西巡抚衙门。

西安鼓楼。经《布道会邮报》（*Missionary Mail*）许可翻印。

本报在清朝的特约画家舍恩伯格先后换乘了12艘帆船抵达天津，现正赶往北京。最首要的“敌人”便是雨水与潮气。首先是作画的湿纸成了最原始的纸浆。除此之外，搬运一桶饮用水与三箱食物也让人不甚厌烦。在当地找到食物和饮用水的可能性微乎其微。其次是我们的画家不受欢迎。有一次，他为一些义和团成员绘制速写时，被扔向自己的一块大石头砸伤，8天都不能正常行走。他用铅笔为我们绘制了一幅杨村之战，以及物资在那里分批卸下船的画作 。物资随后由骡子运往北京。

联军进入紫禁城

THE ENTRANCE OF THE TROOPS INTO THE FORBIDEN CITY, PEKING

右图 | 联军进入紫禁城。佩格（S. Pegg）根据来自清朝的照片绘制。

1. 俄国军队。
2. 意大利海军。
3. 第 20 “俾路支” 步兵团的吹笛手与英国士兵。
4. 美国分遣队。
5. 德国军队。

1
2
3
4
5

庚子事变

THE CRISIS IN CHINA

清军建起斜坡，以便将沉重的大炮吊起运到北京的城墙上。他们试图从这里轰炸公使馆，未果。

进入紫禁城前集结待命的联军。联军军官所骑的小马特别引人注目。

8 月 16 日，攀上皇城城墙的联军。

上图 | 进入紫禁城的日本参谋与步兵团。
下图 | 进入紫禁城的法国分遣队。

庚子事变

THE CRISIS IN CHINA

本报将呈现具有鲜明特色的俄式军装、俄式军帽、俄方人物及俄式大炮，这些受到所有英国人的关注。然后，还有德国武器、新建的军营及一群公事公办的德国军官在一块交谈。在我们的插图里，德军头戴军帽，法国哨兵头戴硬壳太阳帽。无论如何，在英国看来这也相当英式。他们在树下乘凉。插图中还可以看到北京英国公使馆网球草坪的遗址，那里曾经郁郁葱葱，修剪得很整齐。我们的同胞所到之处，到处都能发现网球场的踪影。插图中还可以看到联军攻占北京后军营里四处散落的小玩意。铅堆、白蜡、其他金属残片——烛台及其他器皿记录着被困人员用这些器物来涂抹子弹，以延长其射程的往事。

在塘沽演练的俄国大炮。香港美璋照相馆（Mee-Cheung）提供。

抵达塘沽的德军。中国香港美璋照相馆提供。

上图 | 大沽的德国军营。中国香港美璋照相馆提供。
下图 | 德国军官在大沽。中国香港美璋照相馆提供。

北京英国公使馆网球场草坪战后的场景。中国香港美璋照相馆提供。

天津的法国军营。中国香港美璋照相馆提供。

北京英国公使馆内用于制造子弹的铅堆与烛台。中国香港美璋照相馆提供。

白河上的联军：工兵正加固河堤

THE ALLIED FORCES ON THE PEI-HO RIVER: SAPPERS STRENGTHENING THE RIVER-BANKS

白河上的联军：工兵正加固河堤。艾伦·斯图尔德（Allan Steward）绘制。

8 月 6 日的杨村之战

THE BATTLE OF YANG-TUN, ON AUGUST 6

激战中的美国陆军第 14 步兵团。根据本报特约画家约翰·舍恩伯格的速写绘制。

弗赖（Frey）将军及其参谋同法国分遣队从北门进入皇宫。

从补给船上卸载后勤物资

UNLOADING STORES FROM COMMISSARIAT JUNKS

同联军一起前往北京：从补给船上卸载后勤物资。根据本报特约画家约翰·舍恩伯格的速写绘制。

NOVEMBER 17 1900 ♦ THE ILLUSTRATED LONDON NEWS ♦ SATURDAY，No.3213
1900 年 11 月 17 日 伦敦新闻画报 星期六 第 3213 期

清朝

CHINA

根据对目前情况的判断，清朝政府会对联合照会上的所有条件做出让步；但其中一点除外，他们对此有所犹豫，即要求处死参与事变的 11 位亲王与官员。德国、英国与法国强调这是“应有的惩罚”，因为正是他们直接导致了今夏那些可怕的事件。

正在聚餐的日军、法军、德军。

北京皇宫内的一座大殿。霍兰・特林厄姆（Holland Tringham）绘制。

清政府虽然接受了其他条款，但却表现得极不情愿。清政府将在克林德被杀的地方为他建立一座牌坊，并会派遣一位亲王前往德国道歉。在发生义和团运动地区的科举考试暂停 5 年。未来所有无法尽职镇压其辖区内排外行为的官员将被立即革职。对各国政府、驻华机构与个人进行赔偿。取缔总理衙门并设立外务部。允许各国使臣与皇帝进行合理的接触。拆除大沽炮台及直隶西部其他的炮台，禁止进口武器与其他战争物资。

为了逼迫清政府接受上述要求，联军展开了一系列军事活动。保定府的联军将当地的藩台与清军中的满族将军斩首；一段北京城墙被毁坏，工部官员受到处罚。北京附近的法军逮捕了户部尚书崇礼，坎贝尔将军在从保定返回天津的路上摧毁了沿途的 26 座村庄。俄国实际上已经控制了清朝东北地区，其说辞是“保护”。

9月8日，联军和各国使馆人员在天主教堂做礼拜

THE ALLIED FORCES IN PEKING: THE “TE DEUM” SUNG IN THE CATHEDRAL ON SEPTEMBER 8

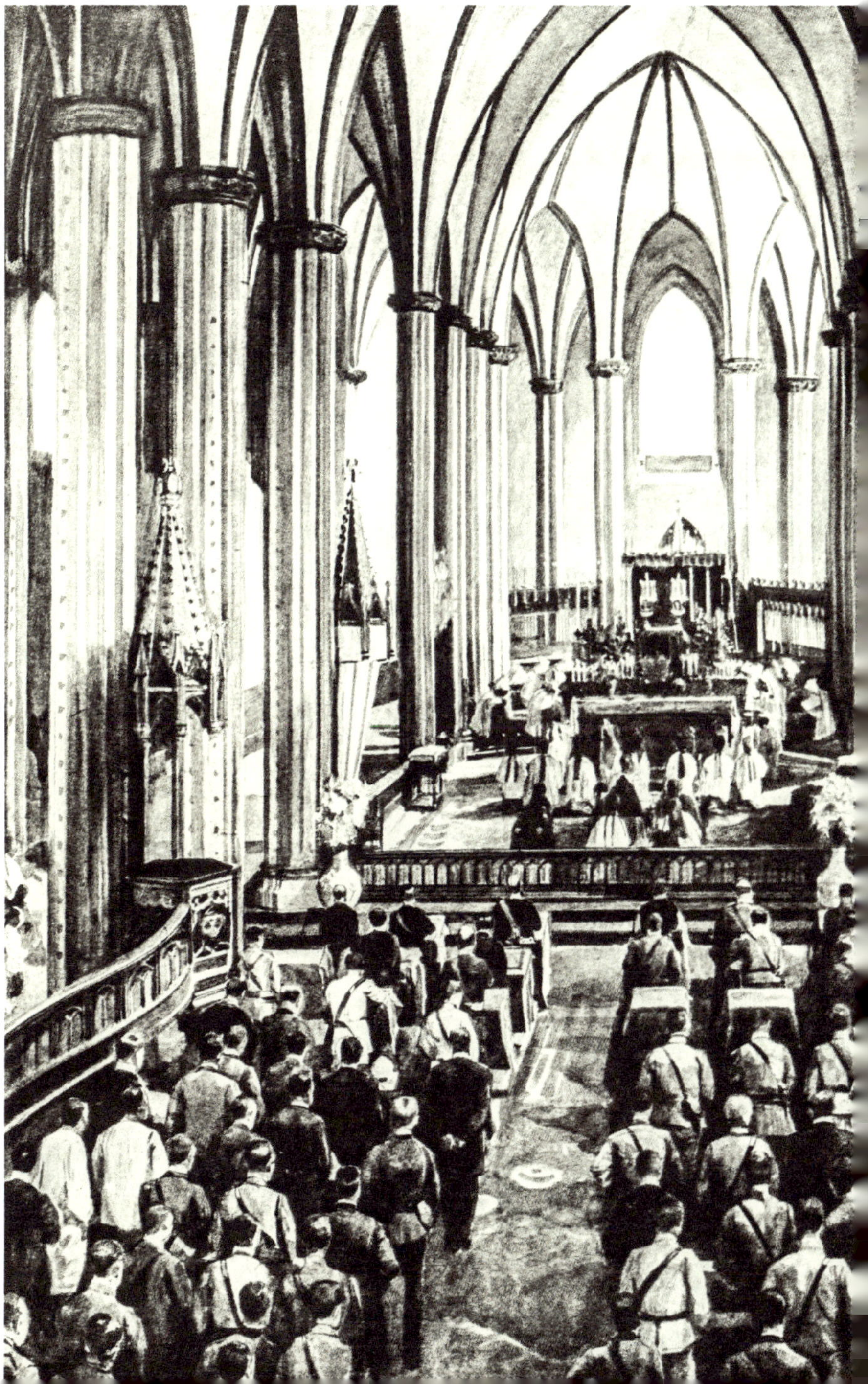

法国公使、弗赖将军及其他官员出席了仪式。

孟加拉枪骑兵奔赴北京

THE BENGAL LANCERS ON THEIR WAY TO PEKING

孟加拉枪骑兵奔赴北京。根据莱昂内尔·巴夫的速写绘制。

联军工兵试图炸毁白塔

THE ATTEMPT MADE BY THE ENGINEERS TO BLOW UP THE GREAT WHITE PAGODA

9 月 17—20 日，一支规模庞大的联军前往八大处追击义和团。击溃义和团后，工兵试图炸毁一座巨大的白塔以示惩罚，但由于硝棉不足只能作罢。

联军工兵试图炸毁白塔。根据莱昂内尔·巴夫先生的速写绘制。

在天坛庆祝阿尔马河战役胜利日

CELEBRATING ALMA DAY AT THE TEMPLE OF HEAVEN, PEKING

在天坛庆祝阿尔马河战役胜利日。英国皇家炮兵第 12 团（12th Battery，R.F.A.）当时占据着天坛。根据莱昂内尔·巴夫先生的速写绘制。

NOVEMBER 24 1900 ◆ THE ILLUSTRATED LONDON NEWS ◆ SATURDAY, No.3214
1900 年 11 月 24 日 伦敦新闻画报 星期六 第 3214 期

英属印军首次攻入北京城

THE FIRST ENTRY OF THE ANGLO-INDIAN TROOPS INTO THE CITY OF PEKING

斯科特（Scott, R. E.）上校率领军队进入水门，公使馆便位于城内。印度士兵涉水而行，泥浆没及腰间。期间没有遇到义和团的抵抗。

英属印军首次攻入北京城。根据本报特约画家约翰·舍恩伯格的速写绘制。

庚子事变

THE CRISIS IN CHINA

本报关于庚子事变的插图中，还包括英军首次攻入北京城的情景。显然庚子事变会对清朝历史产生深远的影响，因此有必要对这一事件进行回顾。

斯科特上校率队穿过水门的下方，那里正好是长期受到围攻的公使馆所在的地方。泥水没到印度士兵的腰间。工兵军官梭迪（Soady）上校赤脚爬上城墙，把他那9码长的头巾解开当作旗帜挥舞。之后英国人从城墙内部打开城门，让德军、俄军和日军进城。这个时候，义和团已经离开北京城，但是第二天他们又返回城中作战。赔偿与重建的工作已经启动。本报画家所绘制的插图中的一些废墟将被清理，如位于丰台的火车站。联军在杨村从义和团手中抢回了一些火药，杨村之战后便将其销毁。天津至北京的地势平坦，有利于重修铁道。我们的画家也为此创作了画作。在梭迪上校与受伤的铁道管理者阿尔伯特（W. Albert）的指挥下，七八十人的队伍第一天

左图 | 顺天府尹崇礼。根据本报特约画家约翰・舍恩伯格的速写绘制。
右图 | 北京的使馆路。根据本报特约画家约翰・舍恩伯格的速写绘制。

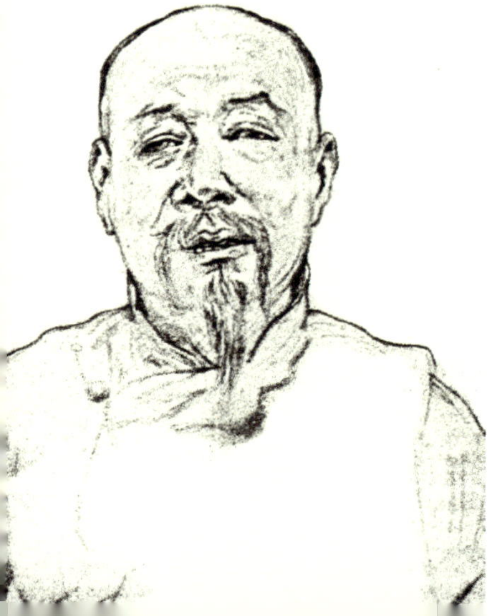

英国占领的北京南城门。根据本报特约画家约翰·舍恩伯格的速写绘制。

就铺好了 500 英尺的轨道。英军抓获了崇礼。我们可以通过舍恩伯格的画作认识这位赫赫有名的人物。义和团运动爆发的时候他任顺天府尹，德国公使也是在那个时候在北京被杀。

过去几天，作战行动已经暂停，但广西形势仍然很紧张，当地的基督徒仍然可能遭到攻击。联军已经开出名单，决定处死那些直接参与排外运动的清朝高级官员。清朝政府对外界颁布了一道圣旨，圣旨中包含了清政府修改后的惩罚措施。端王被判流放至奉天，那里是他祖先的发源之地；辅国公载澜被停俸，并被削爵一级；另一个贵族的爵位也被褫夺，不过职位得到保留；还有一位官员被勒令退休，以反省他的罪过；此外，还有一人被流放，但他所去之地不及端王的荒凉。

8月6日的杨村之战后，英军处理义和团留下的火药

AFTER THE BATTLE OF YANG-TUN, AUGUST 6:
BRITISH TROOPS DESTROYING GUNPOWDER LEFT BEHIND BY THE "BOXERS"

8 月 6 日的杨村之战后，英军处理义和团留下的火药。
根据本报特约画家约翰·舍恩伯格的速写绘制。

梭迪上校及其锡克分遣队攀爬北京城墙

CAPTAIN SOADY AND HIS DETACHMENT OF SIKHS CLIMBING THE WALLS OF PEKING

“梭迪上校率领的分遣队几乎是最早进入北京的。爬上城墙顶部的时候，梭迪上校解开自己的头巾，当作旗帜对着其他英军挥舞。这些英军从内部打开了墙门，让俄军、日军与德军进入。”

——摘自约翰·舍恩伯格的信札

梭迪上校及其锡克分遣队攀爬北京城墙。
根据本报特约画家约翰·舍恩伯格的速写绘制。

联军修复北京至天津的铁道

WITH THE ALLIED TROOPS TO PEKING:
CONSTRUCTING A RAILWAY LINE BETWEEN PEKING AND TIENTSIN

联军修复修建北京至天津的铁道。根据本报特约画家约翰·舍恩伯格的速写绘制。

被义和团与清军毁坏的丰台火车站

THE RAILWAY STATION AT FẸNG-TAI, DESTROYED
BY THE “BOXERS” AND CHINESE IMPERIAL TROOPS

被义和团与清军毁坏的丰台火车站。根据本报特约画家约翰·舍恩伯格的速写绘制。

皇宫正殿。

皇帝在皇城的内湖为其父亲撑船。[1]

[1] 撑船的是醇亲王的仆人，并非皇帝。——译者注

DECMBER 1 1900 ◆ THE ILLUSTRATED LONDON NEWS ◆ SATURDAY，No.3215
1900 年 12 月 1 日 伦敦新闻画报 星期六 第 3215 期

占领山海关：从海面眺望城镇概貌

THE OCCUPATION OF SHANHAIKUAN: A GENERAL VIEW OF THE TOWN FROM THE SEA

山海关非常繁荣，常住人口达3万人。它位于北直隶湾，是长城的起点。10月3日，陆军准将里德（Reid）统帅的第三旅占领此地。

从海面眺望城镇概貌：①旁遮普步军营地；②俄军营地；③英国要塞；④火车站；⑤法国及意大利要塞；⑥“国际要塞”；⑦长城；⑧要塞。根据黑德勒姆（E. J. Headlam）中尉的速写绘制。

前往清朝的英国皇家海军战舰“光荣”号

THE DEPARTURE OF H. M. S. “GLORY” FOR CHINA

“光荣”号（Glory）战舰目前已驶往清朝。上周四，海军上将暨高级海军主将沃尔特·克尔（Walter Kerr）勋爵前往朴茨茅斯检阅“光荣”号战舰。克尔勋爵对该战舰配置非常满意。除常规装备外，“光荣”号战舰携带着全套可用于收发无线电报的设备一同前往东方。如下面插图所示，上周六，即 11 月 24 日，“光荣”号启航前往遥远的目的地，其在离开朴茨茅斯后将经由希尔内斯（Sheerness）中转。

英国海军“光荣”号一级巡洋舰于 11 月 24 日离开朴茨茅斯港，前往清朝。韦尔奇（Welch）拍摄于朴茨茅斯。

在清朝与联军同行

WITH THE ALLIED FORCES IN CHINA

“正如招贴画无法摧毁巴黎的无政府主义一样，仅仅依靠法令也无法镇压义和团运动。”上述言论出自清朝驻法公使裕庚。作为清朝发言人发表此番言论，自然情有可原。需要指出的是裕庚并不完全赞同与列强和谈。不过清朝皇帝发布诏书，抵

印度铁路部队指挥官艾伯特（W. Albert）与第 4 龙骑兵团怀特（R. White）中士。根据本报驻清朝特约画家约翰·舍恩伯格的速写绘制。

两位军需部军官。根据本报驻清朝特约画家约翰·舍恩伯格的速写绘制。

制义和团运动，以撇清与义和团的关系。目前各国已正式提出和谈条件，清政府定会对条款内容心存顾忌。对于处死与义和团有关的皇亲贵胄的要求，皇帝和李鸿章肯定会严词拒绝。然而，皇帝仍会像以前一样，发布诏书。按理说，清朝驻外公使本应为皇帝的行为辩护，但在与巴黎新闻社的代表谈论此事时，这位公使对诏书的评价颇低。由于争议颇多，外交谈判的进程本就缓慢，再加上参与和谈的各方又相隔甚远，导致这一进程愈发缓慢。尽管皇帝希望能够早日返回首都，但目前他的驻地仍离北京很远。

在荣绍（Jungshow），英军指挥官斯科特上校与日军指挥官佐本（Samoto）少佐展开讨论。根据本报驻清朝特约画家约翰·舍恩伯格的速写绘制。

战后白河的场景。根据本报驻清朝特约画家约翰·舍恩伯格的速写绘制。

站在分隔内城与外城的城墙上俯瞰北京内城。根据雷（E. Wray）的速写绘制。

与此同时，七国仍占据着山海关。七国联军军营正好位于滩涂上，部分倚靠长城而建。由于国旗关乎各国名誉，所以各国旗帜只能按照字母顺序悬挂。在一些社交场合或其他重要的时刻，都采取同样的方法处理此类敏感问题。如今，按照字母表顺序已成为有效调停摩擦的通用举措。这一方式此前尚未在联军中使用过。在不同语言中，同一个国家的国名同样有所不同，因而按照字母表来悬挂旗帜首先需解决一个问题，那就是以哪国语言为准。由于法语是最重要的国际通用语言，最终决定以法语为标准。此时读者或许会想，如果英国采用“阿尔比恩”（Albion）这一名称，在悬挂旗帜时，英国势必可以享有优先权，不过这难免给人以“徇私舞弊”之嫌。最终，按照字母表确定顺序时，英国使用了“Great Britain”这个名称。在法语中，德国是“Allemagne”，排在第一顺位，因此德国国旗位于要塞的最左边。然后按照顺序依次排列，分别为奥匈帝国、法国、英国、意大利、日本及俄国。

约翰·舍恩伯格的一些速写并没有描绘此次攻占山海关的战争场面，而是提供了一些具有代表性的参战人员的肖像。对于此次十分独特的危机，相关讨论与反思已经持续了很长一段时间，外交官们已经厌倦了，都希望可以尽快彻底结束。然而，在联军的营地里，与烟草有关的讨论却仍占有一席之地。如前面插图所示，第 4 龙骑兵团的怀特（White）中士与印度铁路部队指挥官艾伯特（W. Albert）正在从天津去往北京的路程中；两位军需部军官克里夫（Clieve）中尉及冯·德尔·古特（Van der Gucht）中尉在其营帐内休息；而在荣绍，英军指挥官斯科特上校及日军指挥官佐本少佐正在严肃交谈。白河的一处场景则更加震撼人心：插图中可以看到几具义和团的尸体，由此推测不久前此处应发生过一场战斗。读者还可以看到联军登陆并占领山海关的场面。

联军登陆并占领山海关。根据利特尔约翰斯（W. G. Littlejohns）的速写绘制。

在攻占北京的战斗中，日军“贡献最大”，其实日军在联军早期的行动中就十分积极。欧洲各国当然明白日本如此通力合作及向联军提供物质支持的目的。既然如今可以稍作喘息，那么则有必要审视日军在此役中的得失。自 8 月从天津出发，直到两周后攻占北京的当日为止，日军共有 2 名军官及 94 名普通士兵阵亡，另有 27 名军官及 658 名普通士兵负伤。日军军火支出庞大，约消耗近 1 万枚常规炮弹、5000 枚榴弹及超过 13.6 万发子弹。进一步统计可知，日本大藏省已为此次攻占清朝支出近 150 万英镑。当然，另一方面，日军的这些支出大体上得到了补偿。据统计，日军在北京劫掠的珍宝价值约在 50 万至 75 万英镑之间；另缴获大量大炮、火药及米粮，价值约 10 万英镑。北京城在过去的几日中弥漫着趁乱打劫的乱象。抢完之后，日军率先在自己的占领区内重建社会秩序，鼓励清朝人恢复商业活动。日本占据了北京城中面积最大且人口最为稠密的区域，因此日本人的举措尤显重要。英国人在恢复秩序等方面同样进展顺利，不过，其占领区内营业的店铺数量本来就比较少。敏锐的通讯记者说："我们的印度弟兄才认识到如果他们想要某些东西，就必须自己花钱去购买。"美国人恢复其占领区内的日常秩序花费的时间稍长一些。据同一来源的权威消息称，俄国人及法国人耗费了较长时间才使占领区内的各项事务恢复正常运转。德军抵达北京的时间略晚，又急于向清朝展开报复行动，因此在小范围内引发了恐慌，这使得清朝权贵前往英国及美国占领区寻求庇护。

战乱局面持续如此之久，城中的卫生问题自然亟待解决。民众随意堆放垃圾，任其腐烂变质，变为滋生鼠疫的温床。近日，大量清朝人死于天花或其他传染病。当地百姓忌讳洋人插手丧葬事宜（这一现象的原因我们无从知晓），使得许多尸体仍未安葬，而是停放在住宅内或与住宅相邻的院落中。为了解决上述问题，英国人试

联军占领山海关后建立的要塞。要塞位于滩涂上，部分倚靠长城而建。要塞内共升起七面国旗。按照这些国家法语名称的字母顺序排列，德国（阿勒曼）排第一顺位，在最左边，图片上看不到。然后依次为奥匈帝国、法国、英国、意大利、日本和俄国的国旗。根据利特尔约翰斯的速写绘制。

图用垃圾车处理。当前必须立即采取相应措施，才能有效遏制瘟疫大规模传播。

德国议会及法国议会分别就本国对清朝的立场问题展开辩论。冯·比洛（Von Bülow）伯爵及德尔卡塞伯爵已经阐明了他们的政治主张，并用基本相似的说法解释了各自的观点。实际上这些观点早已对外说明，几乎不需要另行解释。与一些居心叵测的想法不同，德国总理与法国外交部部长均坚持继续执行门户开放政策，不得随便分割清朝领土。二人同样认为必须要严惩义和团，并要求清政府赔偿德法两国的军费支出及其他损失。两位发言人严正声明，除非清政府满足德法两国的要求，否则不会撤军。这一声明也暗示，与清政府的谈判，无论如何斡旋，无论要等待多久，两国政府都乐于奉陪。

右图 | 联军摧毁白河河岸上的一座寺庙，那里是义和团的大本营。根据本报驻清朝特约画家约翰·舍恩伯格的速写绘制。

清朝的冬季：一家客栈

WINTER IN CHINA: A CHINESE REST-HOUSE

在规模较大的客栈中，睡榻一般由砖块和瓦片砌成，就像船舱中的铺位一样分为若干层，并由一座大型火炉为每排铺位之间的暖气供暖。向客人提供的唯一寝具是一块木质枕头。

一眼望去，这个清朝客栈与鸦片馆大同小异。事实上，它更像一个烤炉。铺位鳞次栉比，多少有些仿效船舱内的排列方式。木质枕头听起来有些寒酸，不过所有的清朝人及日本人都使用这种枕头，好让疲惫的大脑得以休息。

右图 | 清朝的冬季：一家客栈。

DECEMBER 8 1900 ◆ THE ILLUSTRATED LONDON NEWS ◆ SATURDAY，No.3216
1900 年 12 月 8 日 伦敦新闻画报 星期六 第 3216 期

在清朝与联军同行

WITH THE ALLIED FORCES IN CHINA

下图 | 英军在丰台火车站废墟附近安装了一架日光反射信号器，这是英军在北京地区最远的哨所。这座火车站距离英国公使馆约 12 英里，是北京城外的第二座火车站。哨所内的警戒部队使用日光反射信号器与城内的英军总部联络。根据本报驻清朝特约画家约翰·舍恩伯格的速写绘制。

右图 | 率先登上大沽炮台的部队：9 月 25 日清晨 6 点，德国及奥地利水兵发起攻击。埋设的地雷给联军迫近炮台带来了阻碍。该据点入口前方建有一座砖墙，因正门无法推动，联军只得登上这座砖墙。根据本报驻清朝特约画家约翰 · 舍恩伯格的速写绘制。

第 24 旁遮普步兵团在索迪（Soady）上尉的带领下，前往八大处侦察。部队于早上 6 点出发，10 点进入山中。义和团有序后撤，部队焚毁了一座寺院，于傍晚时回营。根据本报驻清朝特约画家约翰·舍恩伯格的速写绘制。

大沽炮台

THE TAKU FORTS

近几个月，中国境内充斥着许多捕风捉影之说。有传言称，欧洲各国在保卫公使馆一事上从未团结一致，如今联军已占领北京。一方面，清朝高级官员相当乐观地认为，与义和团运动相关的皇亲贵胄如果身居要职，就不会受到严惩，当下这种想法亦被证实为无稽之谈。另一方面，我方也应汲取教训。早有传闻称清朝的炮台就像薄纸一般脆弱，炮台的装潢设计虽均遵照清政府的要求，但是建筑材料却不适

从白河右岸望向北塘的防御工事，可以看到一片中式的坟堆。根据本报驻清朝特约画家约翰·舍恩伯格的速写绘制。

从白河左岸望向北塘的防御工事。根据本报驻清朝特约画家约翰·舍恩伯格的速写绘制。

用于战争需要。实际上，不论其他炮台的质量如何，大沽炮台的选材标准十分严格，英军及法军 40 年前就已经充分领教过大沽炮台的厉害之处。大沽炮台戍守白河河口，该地位于天津东南方向约 30 英里处。此处白河深 10—12 英尺。已有证据表明，这种浅滩易守难攻，守卫方可能会在河流中央放置沉船以阻碍进攻方前进。

白河，字面意义为白色的河流。白河与泰晤士河不无相似之处，只是前者流经的土地更加平坦。目之所及，沿河数英里最高的就是恣意生长的芦苇和草丛。这些植被为埋伏其中的清军提供了很好的掩护，我方军队为此付出了惨重代价。我军在行军途中，不止一次遭遇到埋伏在河对岸的清军的枪击。他们毫无章法地袭击我军，如同南非战场上布尔人早期的作战部署。不过过去几个月中，联军通过白河运送了大量军事物资，使其成为名副其实的“白河”（白种人的河流）。白河也见证了其他惨痛的场景：河面上漂浮着清朝人的尸体。读者可以在前文中的两幅插图中看到大沽炮台，今后大沽炮台也许将不复存在——各国与清政府议和的条件之一就是必须将大沽炮台拆除。

DECEMBER 15 1900 ◆ THE ILLUSTRATED LONDON NEWS ◆ SATURDAY，No.3217
1900 年 12 月 15 日 伦敦新闻画报 星期六 第 3217 期

清朝插图

OUR CHINESE ILLUSTRATIONS

本报刊印的插图是由已故画师莱昂内尔・巴夫在随军前往保定府的途中创作的。插图中可以看到稍作休息的第 12 皇家炮兵团，士兵和马匹均在补充给养。第二日的行军结束后，部队在距离北京城约 30 英里的琉璃河扎营。正是在这里，巴夫创作了德军通过琉璃河桥面的画作，这是他生前的最后几幅作品之一。

行军前往保定府：第 12 皇家炮兵团在卢店（Lu-Tien）稍作休息。根据莱昂内尔・巴夫的速写绘制。

行军前往保定府：德军通过距离北京城 30 英里远的琉璃河。根据莱昂内尔·巴夫的速写绘制。

英军在琉璃河的营地。根据莱昂内尔·巴夫的速写绘制。

清朝的冬季：大运河上挂帆的雪橇

WINTER IN CHINA: SAILING SLEDGES ON THE GRAND CANAL

无论是冬天还是夏天，水路都是清朝的交通要道。到了冬天，轮船和驳船便被雪橇取代。为了拉动雪橇，清朝人在雪橇上装上风帆，因此即便只是非常微弱的风，也能极大地推动雪橇前进。

右图 | 清朝的冬季：大运河上挂帆的雪橇。

中国聂斯托利派基督教的石碑

THE NESTORIAN TABLET IN CHINA

中国历史最为悠久的基督教石碑：唐大秦景教流行中国碑。石碑位于西安，可追溯至781年。

基督教在古代中国留下不少有意思的纪念碑，其中一块是聂斯托利派石碑，也被称为“唐大秦景教流行中国碑”。这块石碑伫立在陕西省西安府城门外1英里处。石碑见证了636—781年，基督教聂斯托利派向中国人传教的故事。石碑上刻有基督教教义，记录了当时基督徒在中国布道的经历，并向上帝及支持基督教事业的皇帝祷祝，这段祷祝读来朗朗上口。如今除却这块石碑，任何有关当年传教的痕迹早已烟消云散。该石碑于1625年被发掘。碑文摹本被送往欧洲各国首都展览，引起世人极大兴趣，其中尤以伦敦最盛。石碑上中文内容的左右两侧，各刻有两列古叙利亚语文字。石碑底部亦镌刻有古叙利亚语文字。近日，访问者发现石碑仍旧保存完整，而取下的拓片亦能证明其完好无缺。古叙利亚语文字中还包括阿罗本（Olopim）及其助手的签名，这进一步激发了人们对这块石碑的兴趣。1859年，一个中国人重新将石碑砌入砖墙中，立于城外其最初伫立的地方。石碑由粗粝的大理石制成。众人围绕这处遗迹展开过大量争论，目前已找到有力证据，倾向于这块石碑为真迹。

DECEMBER 22 1900 ◆ THE ILLUSTRATED LONDON NEWS ◆ SATURDAY，No.3218
1900 年 12 月 22 日 伦敦新闻画报 星期六 第 3218 期

清朝事务

AFFAIRS IN CHINA

萨道义踌躇满志地前往北京，然而此行想必也并非那般轻松愉快。萨道义即将接替窦纳乐，相比于一切从头开始，他如今需要处理的事务更加棘手。万幸的是，近期的事件在某些领域掀起一番新变革，而这些领域此前最排斥变革。自此，借由这些变革，英国公使在履行职责时将无需考虑朝廷的支持或百姓的偏好。公使馆也

新任英国驻华公使前往北京：萨道义搭乘“狙击”号炮艇抵达吴淞口。根据英国皇家海军赫伯特（D. De. C. A. Herbert）的速写绘制。

不会再为不得不磕头的困境所折磨。当然，萨道义需要厘清北京的事务。本报本周收到了展现萨道义前往北京行程中的相关画作。萨道义搭乘皇家海军炮艇“狙击”号（Snipe）由上海前往吴淞口，然后在吴淞口登上皇家海军舰艇“奥兰多”号。在“奥兰多”号后甲板上，萨道义受到伯克（Burke）舰长的热情欢迎。美军战舰“俄勒冈”号（Oregon）出于兴趣在旁观礼。

在吴淞口登上英国皇家海军舰艇“奥兰多”号后，萨道义受到伯克舰长的热情欢迎。根据英国皇家海军赫伯特的速写绘制。

清朝回忆录：1863 年，北京英国公使馆的治安警卫队。来自 1864 年 3 月 12 日的《伦敦新闻画报》。

在今后一段时间内，驻华公使馆中的很多人不可能有太多闲暇的时间，而治安警卫队恰好相反。治安警卫队来自伦敦。36 年前，首都警察厅厅长奉内政大臣之命，挑选了一批人员陪同英国驻华公使前往北京，并且担任公使馆守卫。自然，这批人员随身携带的制服均经精心缝制。最终，日常制服包括一件配有猩红色腰带的蓝色束腰外衣、一顶软木头盔，以及蓝色工装裤。夏季军便服主要是一件配有猩红色腰带的蓝色牛仔束腰外衣，另外，早上和晚间还增加了一件蓝色哔叽外套。冬季服装为斗篷、羊皮外套及高筒靴。随身武器包括警刀和左轮手枪。

各国向清朝政府提出的条约中的第一项条款，仍然是讨论的焦点。同其他情况一样，虽说眼下事态紧急，但不应操之过急，萨道义也认同上述观点。萨道义建议对这一条款进行修正，以免其影响谈判继续深入。

诱捕黑貂

BLACK SABLE TRAPPING

尽管时尚风潮日新月异，但是长久以来人们仍旧对黑貂皮与银狐皮爱不释手。黑貂和银狐的数量稀少，猎人往往需要搜索数百英里才能抓获一只，因此这两类皮革相当稀有，价值连城。这种鼬科貂属动物行事谨慎，狡猾至极，不过，俄国西伯利亚地区和清朝北方的猎人却设计了一种简单而独特的猎捕方式来捕捉它们。猎人选取两根细长的树干，将一根树干倾斜一定角度置于另一根上。以这种方式安置妥当后，猎物只要轻微触碰诱饵，便会触动白桦木制成的弹簧片，两根树干便会立刻夹住猎物。

右图 | 在清朝北方及俄国西伯利亚地区诱捕黑貂。陷阱由两根细长的树干搭建而成，一根置于另一根上。猎物只要轻微触碰诱饵，便会触动木头制成的弹簧片，两根树干便会立刻夹住猎物。

在清朝与联军同行

WITH THE ALLIED FORCES IN CHINA

图中的小要塞由 30 名普什图士兵及印度铁路部队驻防。另有 200 名士兵在斯托克利（Stockley）上尉及索迪上尉带领之下驻防在大要塞，这 200 人中包括印度士兵、锡克士兵、俾路支士兵及第 20 孟加拉枪骑兵队。

右图 | 位于丰台西北方向最偏远的英军哨所：普什图士兵正押送清朝苦力去劳作。根据本报驻清朝特约画家约翰·舍恩伯格的速写绘制。

清朝场景

SCENES IN CHINA

目前人们仍将目光聚焦于白河口。此处的防御工事如锁链一般相互联系，向内陆延伸约 10 英里，恰好可以看到白河口最初的一段工事，因此本报特约画家从这一角度绘制了白河夜景并寄送给本报。

下页插图中的香港场景绘制于 11 月初强台风刚刚结束之后，场景更加丰富，但也很不吉利。这场台风突如其来，于夜间侵袭香港。次日上午 8 点左右，一切才归于平静。台风所到之处一片狼藉，树木被连根拔起，屋顶被掀翻，甚至坚固的铁质电线杆和灯柱也都向各个角度弯折，扭曲成各种奇形怪状。和陆地上一样，台风过后，水面上的船只也受到了严重损害，大吨位挖泥船“广州城”号（City of Canton）被掀翻，英国海军炮艇“鹬鸟”号（Sandpiper）沉没。幸运的是，鱼雷驱逐舰“水獭”号（Otter）及时救起了“鹬鸟”号上的军官及士兵。大量舢板及当地的小型船只被风暴击成碎片。在贮煤场，一位警官试图登上一艘破损的舢板时不幸失足溺亡。当地人的损失相当惨重。香港总督府中 8 名苦力身亡；许多当地人栖身在由坚固的竹

白河河口夜景，远处是大沽炮台。根据本报驻清朝特约画家约翰·舍恩伯格的速写绘制。

片及编织材料搭建的凉棚里，但这些凉棚在台风来临时如风中的烟雾一样不堪一击。当局十分担心即将进港的英国邮轮。邮轮进入视野时本来应该通过电报进行通报，但电线却被台风破坏了。准备前往广州及澳门的短途旅行者不得不取消行程。全城百姓的表现令人钦佩，“广州城”号（近日已花费 4 万英镑）上的斯科特船长对清朝民众在风暴中表现出的勇气和忍耐赞不绝口。

上图 | 九龙地区被摧毁的舢板。
中上 | 维多利亚港被摧毁的码头。
中下 | 九龙地区遭到破坏的在建房屋。
下图 | 九龙地区被摧毁的汽艇和舢板。

10 月 17 日，瓦德西元帅在联军众位将军的陪同下，经由哈德门进入北京城

GENERAL VON WALDERSEE, ATTENDED BY THE GENERALS OF THE ALLIED POWERS, ENTERING PEKING BY THE HATERMAN GATE ON OCTOBER 17

右图 | 10 月 17 日，瓦德西元帅在联军众位将军的陪同下，经由哈德门进入北京城。图中众人从左至右分别为：美军将军查飞（Chaffee）、英军将军巴伦（Barron）、奥军将军桑布基（Sambuchi）、德军将军霍普夫纳（Hopfner）、英军将军盖斯利、联军统帅瓦德西元帅及俄军将军鲁尔克夫（Ruerakoff）。根据本报驻清朝特约画家约翰 · 舍恩伯格的速写绘制。

DECEMBER 29 1900 ◆ THE ILLUSTRATED LONDON NEWS ◆ SATURDAY，No.3219
1900 年 12 月 29 日 伦敦新闻画报 星期六 第 3219 期

英国和俄国的铁路政策：埃利斯将军与俄军将军商讨唐泰地区的铁路建设问题

BRITISH AND RUSSIAN RAILWAY POLICY: GENERAL ELLIS AND THE RUSSIAN GENERAL DISCUSSING THE BUILDING OF THE LINE AT TANG-TEI

英国和俄国的铁路政策：埃利斯（Ellis）将军与俄军将军商讨唐泰地区的铁路建设问题。根据本报驻清朝特约画家约翰·舍恩伯格的速写绘制。

献给维多利亚女王的礼物：拆毁北京一座喇嘛庙时，英军在标记准备呈送给女王的战利品

PRESENTS FOR QUEEN VICTORIA: MARKING THE TROPHIES DESTINED FOR HER MAJESTY DURING THE DISMANTLING OF THE LAMA TEMPLE AT PEKING

献给维多利亚女王的礼物：拆毁北京一座喇嘛庙时，英军在标记准备呈送给女王的战利品。根据本报驻清朝特约画家约翰·舍恩伯格的速写绘制。

“鹬鸟”号失事

THE LOSS OF THE “SANDPIPER”

此前本报已经报道，11 月 9 日及 10 日，即周五及周六，长年未见的强台风过境中国香港，破坏力惊人。航运业损失惨重，当地人死伤众多，准确数目也许无从所知。周六早晨，飓风风力达到最高级别，风暴中心在香港境内约 3 英里的范围内肆虐。上午 9 点左右，有人目睹英国皇家海军舰艇“鹬鸟”号发射求救炮，并挥舞遇难信号旗。“鹬鸟”号是一艘新型江河巡洋舰，不久前才出港。“它原本停泊在港口北面靠近陆地处的水域，飓风将其推向西南方向，使它完全置身于风暴之中。”

收到“鹬鸟”号的求救信号后，鱼雷驱逐舰“水獭”号立即予以回应。在威尔金（Wilkin）少校带领之下，“水獭”号离开港岛背风处的停泊地，穿过狂风巨浪驶往海港另一面，成功停靠在“鹬鸟”号旁边。除一人掉入两艘舰艇之间的海水中不幸溺亡外，“鹬鸟”号上其他船员均顺利登上“水獭”号。救援完成不过几分钟之后，“鹬鸟”号船头便沉入水中，不久整艘船便沉没了。这次援救行动凶险万分，不仅海上波涛汹涌，“鹬鸟”号周边还遍布着已经沉没的舢板及其他失事船舶的残骸。对于“水獭”号这种易碎构件制造的船舶，与这些残骸相撞必然会对其造成致命伤害。

台风中，受损的不仅是“鹬鸟”号及当地的船只，一艘全副装备的大型三桅船被推向岸边，许多运输船及班轮拖锚，大量小型蒸汽船损毁，一艘全新蒸汽动力的挖泥船倾覆，船底朝天，沉没在新公司（Hongkong Club）对面的水域中。这艘挖泥船不久前才从英国出发来到中国香港，本准备用于加深海港深度，以连接海港与造船厂新一期的扩建工程。由目前状况判断，将会耗费很长时间才能使挖泥船恢复正常运转。

清朝事务

AFFAIRS IN CHINA

近日，欧洲各国代表共同签署了联合声明，声明的细则早前已公之于众。遵照华盛顿方面的命令，康格暂未表态。不过，按照宪法规定，即便得到总统许可，美国公使也无法插手国际事务，除非事先征得参议院正式批准。列强公布的最新草案包括以下条款：联军将无时间限制地继续占领北京及周边地区。

自李鸿章会见查飞（Chaffee）将军后，众人十分关注其身体健康状况。当时李鸿章患上了风寒，可能还感染了胸膜炎。李鸿章身体抱恙，而清政府希望他能够尽快康复。李鸿章是为数不多了解欧洲舆论力量的清朝高官之一。他深知东方统治阶级中盛行的政府间私底下的密谈，在英国、法国及德国面前完全行不通。与此同时，湖广总督张之洞宣布武昌口岸开埠通商。近日，樊国梁主教从清朝返回，按时抵达法国。樊国梁主教发现，法国首都巴黎有谣言称，传教士们经受了北京之围的考验后，竟做出斯文扫地之举。据说，这些传教士参与了洗劫行动。当时的真实情况是，传教士们必须为5000名当地的基督徒提供饮食，因而经毕盛批准，樊国梁主教拿走了所有能找到的米粮、衣物及钱财，前提是这些物资必须准确统计在册，并于日后确定物资总数。毕盛认为有必要作此安排，因此完全认可樊国梁主教的行为。

从当前的情况来看，清政府似乎终于认识到，仅作表面文章再无任何用处。如本报插图所示，华勇营和联军一起行动，这预示着事态逐渐朝正面发展。另有一则逸事：与华勇营一起行动的还有身着英军制服的印度军团。插图中还可以看到德军士兵正在展示被俘获的清军旗帜；俄军军官忙于修建炮位，闲暇时立于清朝人坟墓的顶部，远眺联军围攻北塘的过程；美军士兵和德军军队同行，并向北京行礼。上述场景进一步呈现出一种独特的世界主义。在前文的插图中，读者可以看到埃利斯将军正与一位俄国将军商讨铁路问题，两人似乎完全无法准确理解对方的想法。另有一幅前文的插图展示了北京喇嘛庙被摧毁的场景，以及为维多利亚女王留存的战利品。302—304页有关联军的照片均由纽约人马克斯·雷希尼策（Max Rechnitzer）提供。

窦纳乐

CLAUDE MACDONALD

英国新任驻日公使窦纳乐的职位提升了两级，此事深受英国人的欢迎。过去一段时间，英国人的目光都聚焦于英国驻华公使馆，特别牵挂公使馆中人员的命运。一般而言，为了满足英国人的要求，政府应该安排他返回故里接受表彰，但是英国政府并没有这样做。

窦纳乐生于 1852 年，他的父亲是一名军人。30 年前窦纳乐服役于第 74 高地兵团。在埃及时，窦纳乐由于表现英勇，晋升为英国驻开罗办事处武官。窦纳乐拥有在桑给巴尔（Zanzibar）及尼日尔（Niger）地区的工作经验，因而不久之后，英国政府派遣其担任英国驻北京特使暨全权公使。窦纳乐在任 4 年，几个月前由萨道义接任。当时的职位交接仪式至今仍历历在目。

英国驻日公使窦纳乐。
埃利奥特和弗赖伊照相馆提供。

麦克弗森中尉

LIEUTENANT MACPHERSON

陆军中尉麦克弗森（Macpherson）在离北京约 8 英里处的一个城镇中死里逃生。当时，陆军上校塔洛克（Tulloch）驻扎于高丽营（Kaoliying）附近。部队曾遭到不明袭击者炮击，袭击者使用的是无烟火药和现代化的大炮。他听说义和团打算从德哈营（Dehhalying）出发袭击此地，于是立即请求支援。麦克弗森中尉带领 50 人赶到此地时，立即对义和团展开攻击。麦克弗森中尉利用云梯抢先攀登至城墙顶端，跃入城内。他先用左轮手枪打死 5 名义和团，然后拔剑厮杀，多亏其他英军及时赶来，不然他早就成了义和团的刀下之鬼。麦克弗森中尉是英国皇家陆军军医部队已故的麦克弗森中校之子。

获得嘉奖的陆军中尉麦克弗森。

已故的沃茨－琼斯上尉

THE LATE CAPTAIN WATTS-JONES

赖德（Ryder）上尉及温盖特（Wingate）上尉跟随德军前往张家口，在当地单独开展小规模侦察活动，并最终确认了沃茨－琼斯上尉在归化城（Kwei-hua-cheng）被杀的传言属实。当地道台下令杀掉了包括沃茨－琼斯上尉在内的 10 或 12 名欧洲人。当地的一些清朝基督徒也同样被杀掉。赖德上尉与温盖特上尉走访了一个比利时传教站，当地的 3000 名清朝基督徒在几名牧师的带领下抵住了义和团的多次围攻。沃茨－琼斯上尉的母亲担心政府是否切实关注其子之死得来的教训。她在从康威（Conway）附近的家中寄来的信中称，沃茨－琼斯的死昭示着公使馆的结局。她认为，这件事情“可以使得联军在某些细节问题上更加坚定”，同时她补充道，“联军应停止抢劫行为，逮捕应为此事负责的相关官员”。

已故的沃茨－琼斯上尉，生前隶属英国皇家工兵部队。

在清朝与联军同行

WITH THE ALLIED FORCES IN CHINA

在清朝与联军同行。根据华莱士（J. S. Wallace）提供的照片绘制。

美军向北京鸣放礼炮。

美国第 14 步兵团在北京城墙下行军，远处是一处北京的观象台。

美军参谋、德军参谋及美国公使康格带领部队穿过北京城墙。

在清朝与联军同行

WITH THE ALLIED FORCES IN CHINA

把中式坟墓用作瞭望哨：俄军军官远眺围攻北塘的过程。

俄军炮兵在北塘展开行动。

占领北塘之后，德军手中的清军旗帜。

营地中的印度士兵。

华勇营第一连在天津。

前往北塘的法军。

在清朝接受视察的意军。

在上海的德国志愿兵连队。

在清朝向将军敬礼的美军。

在清朝的印度士兵：孟买及廓尔喀兵团。

11 月 10 日台风过境香港：英国皇家海军舰艇“水獭”号援救英国皇家海军舰艇“鹬鸟”号上全体船员

THE TYPHOON AT HONGKONG ON NOVEMBER 10: H. M. S. "OTTER" RESCUING THE CREW OF H. M. S. "SANDPIPER"

上午 9 点左右，英国皇家海军新型江河巡洋舰“鹬鸟”号发出遇难信号。鱼雷驱逐舰“水獭”号在威尔金少校带领之下，历经险阻到达“鹬鸟”号旁，此时“鹬鸟”号已在下沉。“水獭”号冒着巨大危险，成功救援“鹬鸟”号上其他全部船员，仅有一人身亡。几分钟后，“鹬鸟”号船头率先沉没，不久之后彻底沉入水中。

11 月 10 日台风过境中国香港：英国皇家海军舰艇“水獭”号援救英国皇家海军舰艇“鹬鸟”号上的船员。
根据安德森（R. D. Anderson）在香港的速写绘制。

JANUARY 5 1901 ◆ THE ILLUSTRATED LONDON NEWS ◆ SATURDAY, No.3220
1901 年 1 月 5 日 伦敦新闻画报 星期六 第 3220 期

清朝的一种宗教习俗：转经

A CHINESE RELIGIOUS INSTITUTION: PRAYER-WHEELS

转经筒通过人力或机器进行运转，是一项省时省力的发明。向佛祖诵念的经文放在筒内或固定在经轮的外面。经轮每转动一圈就相当于念诵一次经文。下面插图所示的场景位于梁山（Kiang Mountain）的圣峰（Sacred Hill），僧人的诵经活动在此地颇为兴盛。

清朝的一种宗教习俗：转经。弗伦岑尼（P. Frenzeny）绘制。

在清朝与联军同行

WITH THE ALLIED FORCES IN CHINA

德国枪骑兵团正向北京西南城门挺进。根据本报特约画家约翰·舍恩伯格的速写绘制。

在北京过万灵节（All Souls' Day）：奥地利军官纪念死去的战友与联军士兵。
根据本报特约画家约翰·舍恩伯格的速写绘制。

庚子事变

EVENTS IN CHINA

上周清朝发生的最重大的事件便是外国公使们签署了联合照会。照会声明，各国同意清朝求和的请求，但是前提条件不容变更，即给予 9 月 21 日圣旨上涉及的人员和其他犯人最严峻的惩罚；暂停残忍对待外国人的地区的科举考试；禁止进口与制造武器和军事设备；对各国、各组织与个人进行赔偿，其中包括因受雇于外国人而负伤的清朝人。照会进一步提出，各国可以在公使馆长期驻兵，并要求拆除北京至沿海一带的炮台。联军将占领一些据点以确保通信通畅。清政府已经答应联军进一步提出的条件，并同意修订商贸条约并改组总理衙门。

清朝皇帝于 12 月 30 日表示同意外国公使们提出的要求。从皇帝的行为来看，很明显他没有意识到在照会的条款中已经写明，公使们提出的要求不容反驳。柏林已经收到处决恩海——他是杀害克林德德凶手——德的详细报道。恩海从容赴难，将生死置之度外，展现出了巨大的勇气。本报特约画家借助于现代化的通讯手段发来的插图，带领我们走进一幅幅历史的场景中去。前文的插图展现了德国枪骑兵团的一支队伍朝北京西南门挺近的画面，他们在途中向敌人发起进攻。画家还绘制了（联军）在北京一处墓地过万灵节的场景。这一天奥地利人向死去将士的坟墓献上花圈以表纪念。

JANUARY 12 1901 ◆ THE ILLUSTRATED LONDON NEWS ◆ SATURDAY，No.3221
1901 年 1 月 12 日 伦敦新闻画报 星期六 第 3221 期

“鹬鸟”号战舰

H. M. S. “SANDPIPER”

11 月 10 日中国香港台风期间，浅水炮舰“鹬鸟”号沉入海里，现在已被成功打捞出来，正停靠在码头进行修缮。犹记当时狂风暴雨突如其来，“鹬鸟”号顿时处于危险之中。为了帮助它，停靠在一边的鱼雷艇驱逐舰“水濑”号冒着巨大的危险，在炮舰沉没之前成功地营救了除一名船员以外的全部船员。

前文的插图展现了那次营救的画面，让读者得以铭记那个惊心动魄的场景。营救过程伴随着巨大的危险，除了滔天的巨浪外，“鹬鸟”号周边都是沉没的帆船，使得任何靠近它们的船只都面临着沉入海里的危险。运输船和游轮拖着它们的锚，一艘三桅杆的船被冲到岸边，一艘蒸汽挖泥船颠覆沉没。不过即便如此，“水濑”号还是成功拯救了“鹬鸟”号上的船员。

在香港，打捞沉没的皇家炮舰“鹬鸟”号。
埃文斯（G.H. Evans）拍摄于香港。

在清朝的地位

THE POSITION IN CHINA

最近从清朝传来的最好的消息便是李鸿章与庆亲王已经代表皇帝接受了由各国发出的联合照会。作为条件，他们要求联军停止其具有惩罚性的军事行动。这5支联军在一些省份造成了破坏，这无疑令很多无辜的人受到牵连。然而，瓦德西不愿接受这条提议，也许他认为这些军事活动是向清朝谈判代表施压的最有力的方式。

使馆大街上的日本护卫队与法国士兵。

北京哈德门上张贴的布告。

北京使馆区附近的遗迹。

北京使馆大街上的奥地利水兵、船员，以及法国哨兵和两名美国人。

同时，即使对外采取一致的作战行动，联军内部还是各自为政。美国急于将谈判工作从北京转到华盛顿。法国政府与巴黎舆论都不赞同掠夺行为。联军中的英国人正在寻找机会切断与瓦德西的联系，瓦德西手下的参谋中没有英国代表。德国在直隶的行为过于草率，无法获得多数人的支持；有人认为不分好坏地骚扰整个地区的民众，会使当地的人民产生巨大的负担，从而激起新的骚乱，而这为德国继续进行军事占领提供了借口。

来自北京的插图展示了义和团造成的破坏，并指出这次危机中一些值得注意的地方。在纷扰不安的首都，布告总是备受关注，在城门上及其他公众场合随处可见。而街上也到处可见说着各种语言、生活习惯也不尽相同的巡逻士兵。

JANUARY 19 1901 ♦ THE ILLUSTRATED LONDON NEWS ♦ SATURDAY，No.3222
1901 年 1 月 19 日 伦敦新闻画报 星期六 第 3222 期

清朝的局势

THE SITUATION IN CHINA

据说 1 月 14 日，清政府最终全部接受了联军提出的和平协议。对谈判内容的争议持续到最后一刻，这不足为奇，因为新制定的《辛丑条约》涉及严惩清朝的一些高官显贵的条款；条约内容已见诸本报。如果说对于各国提出的条件，清政府此前的犹豫不决曾惹恼了欧洲国家，那么现在无条件地接受各项条款，则正中各国的下怀。我们希望从此以后和平的进程能够加快。

本报后文的两幅插图见证了在瓦德西指挥下的德国人员。德国公使身负超乎寻常的外交诉求。清朝高级官员与大臣带来大量礼物，集聚在德国公使馆的花园里，请求公使收下这些礼物，但却遭到拒绝。后文中，本报特约画家在其画作中描绘了一支孟加拉轻骑兵团，他们结束了与义和团的战斗，刚刚返回北京，并接受了瓦德西的检阅。这支队伍同样受到了旁观的奥地利将军的肯定，这无疑让所有在场的英国人感到骄傲。

哈利迪名誉少校

BREVET-MAYOR L. S. T. HALLIDAY

英国皇家海军陆战队轻步兵团名誉少校刘易斯·斯特拉特福德·托尔马什·哈利迪（Lewis Stratford Tollemache Halliday）服役于英国皇家海军中国舰队“奥兰多”号军舰，由于最近在清朝的表现被授予维多利亚十字勋章。1900 年 6 月末，义和团对英国使馆西墙发起一次猛烈的攻击，向墙门与马厩开火，然后躲进了旁边的屋舍里。哈利迪少校与 20 名水兵主动出击，立即吸引了他们的注意。然而，他还没来得及使用左轮手枪，左肩便被子弹近距离击碎，肺部受伤。尽管遭受如此攻击，哈利迪少校还是杀死了 3 名袭击者，并对手下水兵说“继续作战，别管我”。然后，他拒绝别人陪同，独自走到医院。

哈利迪少校。

来自根西岛（Guernsey）的杜梅里克（Dumaresq）拍摄。

在清朝与联军同行：瓦德西在北京西南城门检阅孟加拉枪骑兵团

WITH THE ALLIED FORCES IN CHINA: INSPECTION OF THE BENGAL LANCERS BY COUNT WALDERSEE AT THE SOUTH-WEST GATE OF PEKING

瓦德西检阅一支孟加拉轻骑兵团。他们刚刚结束与义和团的战斗返回北京。奥地利使馆专员霍普特曼（Hauptmann）将军称他从未见过一支如此英姿勃发的军队。

瓦德西在北京西南城门检阅孟加拉枪骑兵团。根据本报特约画家约翰·舍恩伯格的速写绘制。

在清朝与联军同行：清朝高级官员代表与总理衙门大臣在德国公使馆庭院内请求拜谒德国公使

WITH THE ALLIED FORCES IN CHINA:A DEPUTATION OF MANDARINS AND CHINESE MINISTERS ASKING FOR AN AUDIENCE OF THE GERMAN AMBASSADOR IN THE COURT OF THE GERMAN LEGATION, PEKING

清朝高级官员经常带来礼物，以期德国人能够通融下。几乎每位全权代表都有过这样的经历。

清朝高级官员代表与总理衙门大臣在北京德国公使馆庭院内请求拜谒德国公使。

根据本报特约画家约翰·舍恩伯格的速写绘制。

FEBRUARY 16 1901 ♦ THE ILLUSTRATED LONDON NEWS ♦ SATURDAY，No.3226
1901 年 2 月 16 日 伦敦新闻画报 星期六 第 3226 期

清朝图片

OUR CHINESE PICTURES

各国与清政府在外交领域针锋相对、和谈进展缓慢的时候，许多清朝人竭尽所能，日复一日地寻求与外国人和解的机会。如果送礼就能安抚外国人的话，礼物就会源源不断地送来。只要法国赞成取消和平协议上那些关于处死著名罪犯的条款，法国就不必退回掠夺到的战利品。面对那些忠心耿耿为其效力的仆人，清朝廷不愿意亲手签署他们的死刑执行令。同时，在等候的日子里，许多清朝人试图向联军献媚。据说，俄军与德军对待平民最严酷，也许这就是俄军和德军收到礼物最多，也最受当地人们奉承的原因。清朝高级官员与地方官员也欣然加入到这场寻求和解的工作中。乐师们演奏着音乐，苦力挑着装在箱子里的礼物，引得路人羡慕不已。同时，清朝高级官员们还会暗示这些礼物不仅精美绝伦，而且价值连城。仁慈的官员们安排了一处隐秘的场地，当他们乘坐马车抵达的时候，乐师们早已恭候在那里。礼物是被秘密送进去的，因为在这种场合下，街头围观的清朝人已经被驱散了。刺绣是最受欢迎的礼品，最流行的设计图案就是长着巨大头颅的南极仙翁——这种幽默西方人很难理解。在寒冬腊月，需要慰问印度军人。本报特约画家在北京附近的一座驿站遇到了英属印度军队的一支驼队。骆驼正侧卧在地上吃草料。清朝苦力为它们打来饮用水，印度士兵正监督着苦力。他们饱受严寒之苦，对于下雪不时流露出厌烦的神情。

清朝高官前往慰问外国使臣的途中

MANDARINS ON A VISIT OF CONCILIATION TO THE FOREIGN REPRESENTATIVES

礼物往往是一些丝绸制品与刺绣，摆放在由苦力们搬运的箱子里。清朝高级官员乘坐马车抵达现场。为了安抚、取悦这些外邦人士，介绍礼物的时候还演奏着音乐。送礼的人要让人清楚地知道这些礼品耗资不菲。

清朝高官前往慰问外国使臣的途中。根据本报特约画家约翰·舍恩伯格的速写绘制。

北京东南方向一处驿站里，英属印度军队的一支驼队

AN ANGLO-INDIAN CAMEL TRANSPORT AT A HALTING-PLACE SOUTH-EAST OF PEKING

在印度士兵的监督下，清朝苦力正在给骆驼喂水。华北地区冬季的严寒天气严峻地考验着印度士兵的抗寒能力。午后的雪不多，但是仍然寒意逼人。

右图｜北京东南方向一处驿站里，英属印度军队的一支驼队。根据本报特约画家约翰·舍恩伯格的速写绘制。

MARCH 2 1901 ◆ THE ILLUSTRATED LONDON NEWS ◆ SATURDAY，No.3228
1901 年 3 月 2 日 伦敦新闻画报 星期六 第 3228 期

在清朝与联军同行

WITH THE ALLIED FORCES IN CHINA

在清朝的欧洲各国代表尚未就形势做出最终定夺。在此期间，官方或民间冲突不断。在如此遥远的地方从未召开过这么多国家参与的会议。印度士兵将清朝人民的物品没收——纵然是得到英国的授意，这使得两个迥异的人种就这样神奇地相遇，并当面发生争执；其英国统治者把他们都称作“土著”。联军中的印度士兵最近在西方及比印度更遥远的东方增添了许多见闻，这是他们那些不曾出门远游的同胞难以想象的。各国的士兵与水手无论身在何处都奋力与义和团作战。下页的插图展现了

北京的国际俱乐部。根据本报特约画家约翰·舍恩伯格的速写绘制。

奥地利水手抓获 4 名行窃的义和团成员。根据本报特约画家约翰·舍恩伯格的速写绘制。

奥地利水手抓获的现行犯，以及在天津临时法庭（Provisional Court）审判另外一名义和团罪犯的情景。在大都市北京，自然会有一些体育活动与娱乐消遣，许多北方大人物穿梭于美丽的城门间，构成了一道奇特的风景。他们专注于一些琐事，因此无暇顾及清朝的道路。即使联军采取所有行动，即使传言清朝人已私下接受其所有条件，与朝廷要员的会谈也将持续 6 个月。同时，出于对联军政策的不满，美国政府变得焦躁不安。各国刚在清朝内陆进行的征战虽不太可能对其造成长期威慑，却已经产生了一定的效果。考虑联军展示出来的决心，清朝政府勉强接受了各国的要求，同意了他们提出的制裁。周二已处死两名罪犯。犯人由日军押送，行刑场地由法军、德军与美军看守。两名罪犯从容无畏，慷慨赴死。

关押在天津衙门里的两名女义和团成员。根据本报特约画家约翰·舍恩伯格的速写绘制。

上图 | 印度军人带着他们从村庄取得的物品走在返程的路上。根据本报特约画家约翰 · 舍恩伯格的速写绘制。

下图 | 奥地利水手抓获的4名行窃的义和团成员之一。根据本报特约画家约翰·舍恩伯格的速写绘制。

在香港，珀西·斯科特船长打捞沉没的“珠江”号挖泥船

THE RAISING OF THE SUNKEN DREDGER, “CANTON RIVER,” AT HONG-KONG, BY CAPTAIN PERCY SCOTT

行动开始之前的挖泥船。“可怖”号战舰上的伯克（Burke）拍摄。

在岸边套上滑车与绞车。“可怖”号战舰上的伯克拍摄。

挖泥船恢复至正浮位置。“可怖”号战舰上的伯克拍摄。

使用帆船作为支撑工具。“可怖”号战舰上的伯克拍摄。

MARCH 30 1901 ◆ THE ILLUSTRATED LONDON NEWS ◆ SATURDAY，No.3232
1901 年 3 月 30 日 伦敦新闻画报 星期六 第 3232 期

李鸿章

LI HUNG CHANG

据传，李鸿章再次病重。从没有一个外交官像他一样命途如此多舛。李鸿章奉命与“洋鬼子”周旋，耗尽洋人的力气。也许经过一两代人的努力这一计划能成功，但与此同时，这也会消耗掉中国人的大量心血。

英俄争端

THE ANGLO-RUSSIAN DISPUTE

1900 年秋天，俄国宣称通过“征服权”占领海河左岸地区，造成俄军与英军之间不愉快的误会。英国希望在某地修建一条铁道侧轨，而俄国却宣布将在那里修建公路。（联军内部的）和平局面一度险遭打破。香港军团的一支连队如临大敌，配上固定的刺刀，而此时约翰逊少校也将马德拉斯先锋队的两支连队当作预备役部队保留下来。两国政府立即取得联络。在盖斯利离开期间，巴罗（Barrow）将军将与萨道义磋商。他们早就确定了通过外交途径申明主张的方针，以防止爆发一场可怕的战争；并且，为了防止战争，还将各方卫队的数量削减至 27 人。经过剑拔弩张的四五天后，洛恩・坎贝尔（Lorne Campbell）[1] 将军与沃加克（Wogack）[2] 将军收到各自政府的指示，要求他们将问题上交给陆军元帅瓦德西。但瓦德西告诉他们，他无权介入这一冲突。上周五下午，人们方才如释重负。上议院的兰斯当（Lansdowne）勋爵公布了平息争端的条款，同意将争议地区划归为华北铁路局（Northern Chinese Railway Administration）管辖，从而保证了英国债权人在这条铁路上的利益；并且，俄国此前的一些行动，在英国人看来完全是非法入侵。鉴于这般形势，俄国政府与英国立即达成一致，同意马上撤离各自的军队。通过外交手段达成的这项友好协议，结束了这场由当地无足轻重的小事引起的纷争。

---

[1] 英国军官。——译者注

[2] 俄国军官。——译者注

英俄争端：天津的俄国士兵。卡顿·伍德维尔绘制。

英俄分歧：天津与塘沽周边的情形

THE ANGLO-RUSSIAN DISAGREEMENT: SCENES AROUND TIENTSIN AND TONGKU

上左 | 天津的法国天主教堂[1]遗址。安德伍德（Underwood and Underwood）公司供图。

上右 | 位于塘沽的被清军炮弹射穿的美国船舰“莫诺卡西”号（Monacacy）。安德伍德公司供图。

下左 | 华勇营背负伤员朝天津前行。安德伍德公司供图。

下右 | 天津法租界江岸枪炮的威力。安德伍德公司供图。

[1] 即望海楼教堂。——译者注

天津火车站中毁于战火的火车车厢。安德伍德公司供图。

天津火车站中敞篷车厢上的第1孟加拉枪骑兵团战马。安德伍德公司供图。

天津南城门的日军。安德伍德公司供图。

天津岸边的法国军队。安德伍德公司供图。

塘沽的德国军队。安德伍德公司供图。

俄军士兵在驻地集结，接受检阅。安德伍德公司供图。

俄军摧毁可供敌人藏身的土屋。安德伍德公司供图。

天津的日本医生在治疗伤员。安德伍德公司供图。

从戈登堂与德国俱乐部塔楼上观战。安德伍德公司供图。

在天津友好相处的各国士兵：美英士兵友善地照顾日本伤员。

艾伦·斯图尔特（Allan Stewart）根据安德伍德公司提供的照片绘制。

APRIL 6 1901 ◆ THE ILLUSTRATED LONDON NEWS ◆ SATURDAY，No.3233
1901 年 4 月 6 日 伦敦新闻画报 星期六 第 3233 期

清朝局势

THE SITUATION IN CHINA

本周，清朝与俄国就清朝东北地区问题展开的谈判破裂。清朝皇帝认为，俄国提出的要求破坏了清朝政权的完整性；他“恳求”俄国沙皇将清朝东北地区的状态恢复到俄国占领前，以免给各国树立一个反面榜样，引起各国争相效仿。同期，英国和俄国在争议边境问题上达成共识。虽然各国相互间还有这样或那样的猜疑，但总体来看，整体关系正迅速得到改善。原有的和新建成的抵抗外国人的城墙，现都在拆除中。有时候，（如下页插图所示）甚至让清朝人亲自拆除。这些被奴役的清朝苦力身不由己，十分辛苦，他们中偶尔还有一些读书人。

天津局势：清朝人在印度军队的监督下拆除城墙

THE SITUATION AT TIENTSIN: COMPULSORY DEMOLITION OF THE TOWN WALLS BY CHINESE UNDER THE SUPERINTENDENCE OF INDIAN TROOPS

天津局势：清朝人在印度军队的监督下拆除城墙。做苦工的人中偶有读书人。
本报驻清朝特约画家约翰·舍恩伯格绘制。

APRIL 13 1901 ◆ THE ILLUSTRATED LONDON NEWS ◆ SATURDAY，No.3234
1901 年 4 月 13 日 伦敦新闻画报 星期六 第 3234 期

清朝局势

THE SITUATION IN CHINA

本周大家关注的是，俄国是否能吞并清朝东北地区。俄国竟然试图吞并整个清朝东北地区，这令其他盟国十分错愕。如果一切进展顺利，恐怕各国会对俄国和李鸿章在私底下签署的协议一无所知。但事态进展并不顺利，各国如今已经掌握了所有情况，一致支持清政府不在条约上签字。为清政府撑腰，帮其对抗欧洲国家，这一决定是否明智，我们难下定论。因为尽管现在种种情形并不明朗，但可以确定的是，清政府从来没有真正信任过任何强国。如果今天让清政府取得成功，那么明天其就可能故技重施，同样的悲剧就会发生在另外一个国家身上。

现在，俄国和英国之间所有表面上的冲突都已经得到解决。下文中的一幅插图展现了为避免两国先遣卫兵再次发生摩擦，军用铁路的布局安排花费了不少心思。从另一幅插图中可以看到，英国和印度的卫戍部队聚集在一起，共同悼念离世的维多利亚女王。对清朝的破坏行动仍在继续。后文中的一幅插图展现的是德军轰炸寺库（Shikoo）兵工厂的场景。本报特约画家将安定火车站作为另一幅插图的主题，展现了一些被迫参加劳动的中国人；“汉沽铁路桥”——准确来说是桥的遗址——可以看到还有很多修复工作要做。同时，惩罚行动尚未结束，另一幅插图记录下了一名抢劫清朝基督徒的匪徒受鞭刑时的情景。不仅如此，清廷还接受了各国提出的需要处死的罪臣清单。4 月 7 日，在瓦德西的主持下，各国将军在北京举行会议，一致通过条约中的第八条和第九条。

在清朝与联军同行

WITH THE ALLIED FORCES IN CHINA

不同国家的人聚在一起悼念维多利亚女王：英国和印度的卫戍部队于 2 月 3 日星期三举行纪念仪式。英印军队的人数多达 1400 人。当天寒风刺骨，但所有外交官悉数出席。本报驻清朝特约画家约翰·舍恩伯格绘制。

军用铁路的终点站在北京天坛附近。该站到下一站之间的铁路由英国控制；后面的铁路此前由俄国控制，现在由德国控制。本报驻清朝特约画家约翰·舍恩伯格绘制。

上图 | 日军强迫清朝劳工加强安定火车站的防御工事。根据本报驻清朝特约画家约翰·舍恩伯格的速写绘制。

下图 | 惩罚抢劫清朝基督徒的匪徒：奉治安委员会之令，在法悟寺（Fah-Wu-Su）鞭打一个清朝人。根据本报驻清朝特约画家约翰·舍恩伯格的速写绘制。

上图 | 汉沽蓟运河上被义和团破坏的铁路桥遗址。这条河整个冬天都处于结冰状态，因此多少弥补了没有桥的问题。但是，当河流边缘的冰面裂开后，当地与山海关的交通便被迫断绝了。根据本报驻清朝特约画家约翰·舍恩伯格的速写绘制。

下图 | 德军炸毁了位于烟台的寺库兵工厂。海军中将西摩尔当时只炸毁了一部分，但现在兵工厂被德国人彻底炸毁了。他们共炸了三次，而且在炸毁之前，他们将炮架的前车和轮子卖给承包人当柴烧。根据本报驻清朝特约画家约翰·舍恩伯格的速写绘制。

在北京的官员们

THE STAFF AT PEKING

照片上是盖斯利将军和在华英军司令部的主要成员。照片正中的巴罗少将在英国和俄国因铁路侧线问题在天津爆发冲突伊始就发挥了重要作用。3 月 15 日，从天津发来第一则消息，大意是因不满俄国对北京铁路修筑权的划分，英国与俄国发生争执。随着矛盾的激化，英国和俄国双方都加强了铁路周围的防卫，后来俄国占领了有争议的侧线，并派遣全副武装的部队驻守。当时，盖斯利将军并不在当地，指挥权在巴罗将军手中。由于担心英国坚持自己的权利会导致矛盾升级，他并没有立即行动，而是先与英国驻华公使萨道义进行了长时间的商谈。对于铁路总经理金达[1]的请求，巴罗将军回复道："不要放弃侧线，必要情况下，可以使用武装部队。"后来，我方派驻卫兵，修路工作在卫兵的保护下一度得以继续进行。对此，俄国的沃加克将军立刻提出抗议，事态需要巴罗将军下达进一步的命令。他仍然坚持原先的指令："不放弃侧线。"接下来发生的事情大家都已经知道了。瓦德西亲自前往争议场地，几小时后返回北京城。随后，瓦德西召集巴罗将军和沃加克将军展开会谈，双方同意英国和俄国都从争议区域撤军，修建工作暂停，后续问题留待两国通过外交手段解决。

埃德蒙·乔治·巴罗（Edmund George Barrow）少将今年 49 岁，1897 年在第 7 孟加拉步兵团获得中校军衔。由于在阿富汗、埃及和印度西北边疆战役中表现突出而荣获勋章并被嘉奖。巴罗将军还曾任印度西姆拉邦军事部的副部长。

---

[1] 金达（Kinder，Claude William，1852—1936），英国铁路工程师，曾来华建设铁道，他造出中国第一辆机车。——译者注

盖斯利将军、巴罗少将和指挥部其他军官。铁路侧线争议爆发时，英军暂由巴罗少将指挥。从左往右依次是：第一排，兽医官黑兹尔顿（Hazelton）上校、军需官沃恩（Vaughan）上校、海军干货补给船凯斯（Keyes）上尉、宪兵司令洛（R. B. Low）上校；第二排，邮政官范·佐梅劳尔（Van Somerau）、皇家工兵司令斯科特－蒙克利夫（Scott-Moncrieff）少校、巴罗少将、盖斯利将军、军医主任布基（J. T. B.Bookey）上校、出纳官贝克（Baker）上校；第三排，翻译官罗伊斯·基普（Royce Keep）、圣约翰（St. John）少校、信号官里格比（G. C. Rigby）上校、行政事务兼军需处的艾弗·菲利普斯（Ivor Philips）上校、海军干货补给船佩尔（B. T. Pell）上校、副行政官兼军需处奥沙利文（G. J. W. O'Sulliran）中校、皇家陆军工兵皮克顿（Picton）上校、海军干货补给船斯蒂尔（R. A. Steel）上尉。

APRIL 20 1901 ◆ THE ILLUSTRATED LONDON NEWS ◆ SATURDAY, No.3235
1901 年 4 月 20 日 伦敦新闻画报 星期六 第 3235 期

在清朝与联军同行

WITH THE ALLIED FORCES IN CHINA

让我们跟随本报特约画家，重温联军在清朝的作战。画家发来了两张北塘炮台的速写。其中一幅中，北塘炮台地处汉沽附近，1900 年 9 月被联军占领，现已被夷为平地。绘制这幅速写时，联军的旗帜已飘扬在防御工事上，联军正对该处进行严密监管，无关人员不得靠近。联军如此警惕，是因为当时炮台和炮台周围的地下埋

北塘炮台德军占领区。根据本报特约画家约翰·舍恩伯格的速写绘制。

挂着联军旗帜的北塘炮台。根据本报特约画家约翰·舍恩伯格的速写绘制。

北塘炮台德军占领区。根据本报特约画家约翰·舍恩伯格的速写绘制。

着密密麻麻的像蜂巢一样的地雷。现在这些地雷已经被拆除了。另一幅插图则颇有趣味。托马斯·阿特金斯（Thomas Atkins）站立的地方，被清朝人视为宇宙的中心，旁边的印度勤务兵向他投来钦佩的目光。这座圆形的平台之于清朝，就像德尔菲古城之于古希腊人，代表着宇宙的中心。另一幅插图展示了李鸿章在天津的衙门[1]着火的场景。我们可以肯定地说，不管欧洲军队对清朝的影响有多大，其对清朝消防部队的影响一定微乎其微。大多数消防官兵扛着旗帜，提着灯笼，整个场面看上去十分荒诞。与天津都统衙门使用的救火器械相比，伦敦老教区中孤童们拉的消防车更加牢靠，也更加先进。

---

[1] 即直隶总督行馆。联军占领天津后，其统治机构“都统衙门”便设在此处。——译者注

李鸿章在天津的衙门失火。根据本报特约画家约翰·舍恩伯格的速写绘制。

APRIL 27 1901 ◆ THE ILLUSTRATED LONDON NEWS ◆ SATURDAY，No.3236
1901 年 4 月 27 日 伦敦新闻画报 星期六 第 3236 期

伯爵宫的大型军事演出：庚子事变场景重现

THE MILITARY SPECTACLE AT EARL'S COURT: SCENES OF THE WAR IN CHINA

全副武装的战友。

北京街景。

正在攀爬北京城墙的美国人。

伯爵宫的大型演出

THE EARL'S COURT SPECTACLE

今年夏天，清朝将成为伯爵宫的主角。为呼应5月4日举办的军事展览，伊姆雷·齐拉菲（Imre Kiralfy）将在世界上最大的剧院——皇后剧院（Empress Theatre）推出一场巨型的现实主义风格的军事戏剧——《庚子事变》。不用说，这部作品是以去年发生在远东的一个个扣人心弦的事件为基础创作而成的。参加演出的演员超过一1000名，其中50多个角色有台词。从上述数字就可以看出，这场表演的制作规模非常宏大。

使馆卫兵抵达北京。

MAY 4 1901 ◆ THE ILLUSTRATED LONDON NEWS ◆ SATURDAY，No.3237
1901 年 5 月 4 日 伦敦新闻画报 星期六 第 3237 期

在清朝与联军同行

WITH THE ALLIED FORCES IN CHINA

墓地中埋葬的是在天津死去的联军官兵。
根据本报特约画家约翰·舍恩伯格的速写绘制。

天津教堂墓地上为第二次鸦片战争修建的十字架，1900 年被炮弹炸毁。当时西摩尔司令正驻扎此地。根据本报特约画家约翰·舍恩伯格的速写绘制。

MAY 11 1901 ◆ THE ILLUSTRATED LONDON NEWS ◆ SATURDAY, No.3238
1901年5月11日 伦敦新闻画报 星期六 第3238期

军事展览

THE MILITARY EXHIBITION

一周前，剑桥公爵揭开伯爵宫军事展览的帷幕。开幕式上，公爵特别感谢了这次活动的主办方，在场的伊姆雷·齐拉菲深受感动。出席开幕仪式的有罗伯茨伯爵（Earl Roberts）、伯顿阁下（Lord Burton）、比达尔夫（M. Biddulph）爵士（上将）、安德鲁·克拉克（Andrew Clark）爵士（上将）、德鲁里·劳（Drury Lowe）爵士（中将）、菲茨乔治（Fitz George）海军上将、乔治·伍姆韦尔（George Wombwell）爵士和海勒姆·马克西姆（Hiram Maxim）爵士。在开幕式后举行的午宴上，剑桥公爵发表致辞，认为举办这样一个展览，对于和平而非战争具有重大的意义。公爵说："大家看到这些展品，一定都希望这些武器能少一些展现的机会，这样每个人的生活才会更美好更幸福。"无论如何，如果要避免战争，时刻做好准备一定是行之有效的方法。从伯爵宫这场展览本身，以及从其细节中传递出的对公众利益的重视程度来看，这次活动一定能为和平事业做出贡献。

历史性的战争场面，第二场：惶恐不安。

法国军队。

剑桥公爵预祝展览圆满成功。

坐小火车。

深受欢迎的保留项目。

历史性的战争场面，第四场：美国军队猛攻城墙。

伯爵宫军事展览开幕时的盛况。

一座废弃的清朝寺庙

A RUINED CHINESE TEMPLE

本报特约画家在描述下面这幅画作时写道。“图中寺庙所在的小村庄，沿白河逆流而上，到天津要两天的时间。前些时候，村庄遭到俄国和德国军队的抢掠，并被付之一炬。守护在这座寺庙里的只有一个饿得半死的僧人。这个人骨瘦如柴，被士兵们戏称为‘活骷髅’，不过他们没有骚扰他，有些士兵甚至怀疑他是个鬼魂。”这个可怜人向画家讨要了一些烟草和食物。画中的神像用混凝纸浆填充棉花和干草制成。前景中有一个大箱子，用来盛放以前祭品烧成的灰。

废弃的寺庙和瘦骨嶙峋的僧人。根据本报特约画家约翰·舍恩伯格的速写绘制。

MAY 18 1901 ◆ THE ILLUSTRATED LONDON NEWS ◆ SATURDAY，No.3239
1901 年 5 月 18 日 伦敦新闻画报 星期六 第 3239 期

在蒙古库苏古尔湖上进行皇家训鹰比赛的蒙古族首领们

MONGOLIAN CHIEFS AT THE ROYAL SPORT OF FALCONRY AT DALAY NOV LAKE IN WESTERN MONGOLIA

在蒙古库苏古尔湖上进行皇家训鹰比赛的蒙古族首领们

JUNE 8 1901 ◆ THE ILLUSTRATED LONDON NEWS ◆ SATURDAY，No.3242
1901 年 6 月 8 日 伦敦新闻画报 星期六 第 3242 期

清朝的游园会

A GARDEN-PARTY IN CHINA

下页的这幅清朝游园会插图在提醒我们，华夏大地不只是萧条疮痍，还有一些未受去年动荡影响的净土。画中的人们吹弹歌舞，一派热闹的景象。东方人凭借优秀的构图天分，为艺术家提供了现成的创作素材。在画家的眼中，没有楼梯的花园，无论怎么看都觉得平淡。而东方人在设计花园时，善于设计错落有致的空间。图中，乐师所在的平面略高于舞者所在的平面，客人们的游玩区则处于更高的位置。伦敦的游园会就没有这么别致的空间设计，少了些画面感。而在造型、颜色和材质上，东方服饰也比西式的黑色双排扣长礼服和石墨色高顶礼帽更具美感。白金汉宫的游园会，尽管趣味性和魅力值无与伦比，但却看不到这样的瑰宝奇珍。对于在花园聚会中加入什么新的特色，我们已经收到了一些建议。比如在一个普通的早晨，一位报社工作者提议在邀请人名单上加上高级神职人员——教长或主教大概不在此列。如果这个建议被采纳的话，我们可以期待，通过学习东方的长处，在将来的游园会中，客人们不仅能社交，还能大饱眼福。

清朝的游园会

JUNE 29 1901 ◆ THE ILLUSTRATED LONDON NEWS ◆ SATURDAY，No.3245
1901 年 6 月 29 日 伦敦新闻画报 星期六 第 3245 期

新书杂记

NOTES ON NEW BOOKS

萨维奇·兰多尔（Savage Landor）在《清朝和联军》一书中，对联军启程前往北京后发生的一系列事件及联军在北京的后续行动进行了生动的描述。作者在随军行动中似乎没有受到什么约束，因此有充足的机会搜集信息，记录下自己对各国军队的印象，以及自己数次身陷险境，几乎命丧枪口之下的经历。之前我们虽看过关于被围困的一手报道，可萨维奇·兰多尔的报道有所不同。他将许多亲历者的故事整理成文，使其通俗易懂，可信度极高。

在清朝，相比联合外交行动中遇到的重重困难，联合军事行动要好很多。除一次特殊情况以外，其他时候进展都很顺利，联军的合作也很融洽。联军在占领天津 24 小时内大肆抢掠，不过没有因为抢夺战利品而发生任何冲突。记载这一事件的几个章节，是研究各国特点的绝佳材料。日本士兵就像艺术鉴赏家，小心翼翼地将不想要的旧瓷器放回原处；英国士兵一心为家里的女士们着想，舍弃金条和银块，偏爱丝绸和个人装饰品；法国士兵抢夺时“仿佛带着歉意”，他们对老式棉布衣服和食物更感兴趣；俄国士兵到了瓷器铺就如横冲直闯的公牛，破坏力极强，除此之外，唯有音乐盒能激发他们的高雅兴趣。想获得更多清军和义和团的信息，可以在天津都统衙门找到相关文件。不过，我们并不关心在与联军的战斗中，清朝的军官得到了什么奖赏。萨维奇·兰多尔绝不是为清朝人辩解，但他也和所有理智的人士一样，关注录用年轻的白人女性担任传教士的问题。值得赞扬的是，和作者的上一本著作不同，这本书并没有利己主义和哗众取宠的瑕疵。不过，作者在选择插图时，如果能删掉一些尸体的图片可能会更好。

JULY 20 1901 ◆ THE ILLUSTRATED LONDON NEWS ◆ SATURDAY，No.3248
1901 年 7 月 20 日 伦敦新闻画报 星期六 第 3248 期

在北京劫掠的皇室印章

IMPERIAL SEALS LOOTED FROM PEKING

在下面的插图中，我们向大家展示了 4 枚清朝皇室的印章。这些印章装在由金子打造的盒子里。1900 年 11 月，爱德华・奥布莱恩（Edward O'brien）在天津从一位俄国军官的手里买下了它们。两个小章[1]是太后用来盖在画上的。所有印章均为玉石材质，雕龙刻凤，十分精美。在清朝，龙代表皇帝，凤代表太后或皇后。皇帝去世后，他的所有印章都将存放入太庙，日积月累，现在印章的数量已非常庞大。印章放入太庙时，这块印章的历史将会书写在印章侧面，北京地位最崇高的喇嘛还会为印章上的丝质穗绳打上神圣的结。

太后日常用的印章，章上所刻文字意为“修养心灵”。[2]

[1] 即“翊坤宫御赏”印章、“丽景轩御赏”印章。——译者注
[2] 此印章为“瀛海仙班”。——译者注

“翊坤宫御赏”印章。

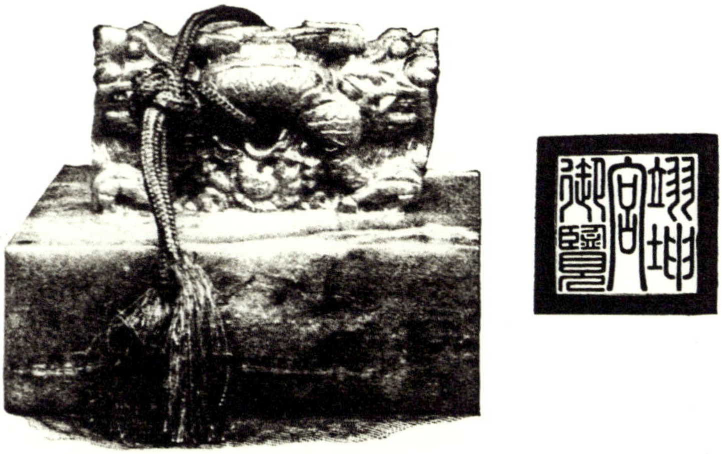

“翊坤宫御览”印章。

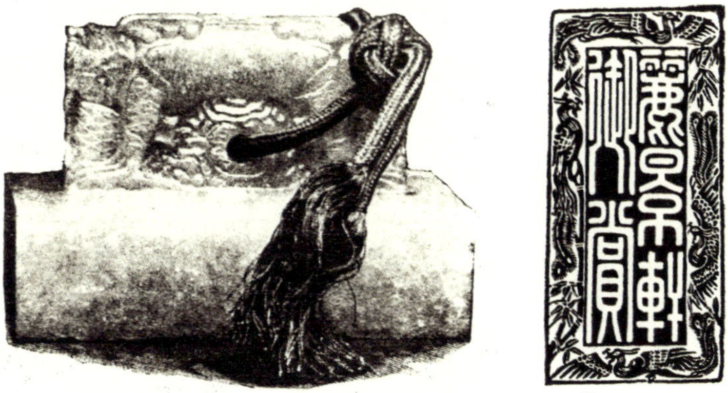

“丽景轩御赏”印章。

JULY 27 1901 ◆ THE ILLUSTRATED LONDON NEWS ◆ SATURDAY，No.3249
1901 年 7 月 27 日 伦敦新闻画报 星期六 第 3249 期

第 4 旁遮普步兵团挖出清军埋的速射炮

THE 4TH INFANTRY UNEARTHING QUICK-FIRING GUNS BURIED BY THE CHINESE TRODPS

清军撤离山海关后，他们埋藏的 7 门克虏伯大炮、8 门后膛炮和两副炮架被第 4 旁遮普步兵团的一支分遣队挖出。

第 4 旁遮普步兵团挖出清军埋的速射炮。
福雷斯蒂尔（A. Forestier）根据博格尔（J. S. Bogle）上尉的速写绘制。

AUGUST 3 1901 ◆ THE ILLUSTRATED LONDON NEWS ◆ SATURDAY，No.3250
1901 年 8 月 3 日 伦敦新闻画报 星期六 第 3250 期

威廉二世设计的清朝勋章

THE KAISER'S CHINESE MEDAL

德意志皇帝威廉二世亲自为在清朝作战的德国军队设计了勋章，再次展现出他多面手的一面。今天我们将设计成果展示给大家。从下图中可以看出威廉皇帝的设计非常精巧。皇帝创作的大型油画也可以证明他是一名优秀的画家。他的画作饱含情感，画工熟练。他有时甚至会替代摄影师，亲自拍摄自己的所见所闻。不过，最近这位皇帝帮了摄影师一件大忙——大家都知道，他留长了自己的胡子。

威廉二世为在清朝作战突出的士兵设计的勋章。

SEPTEMBER 14 1901 ◆ THE ILLUSTRATED LONDON NEWS ◆ SATURDAY，No.3256
1901 年 9 月 14 日 伦敦新闻画报 星期六 第 3256 期

清朝政府致歉代表团

THE CHINESE EXPIATORY MISSION

醇亲王载沣受清朝政府委派就克林德被杀一事向德国致歉。此前双方因是否要行跪拜礼纠缠甚久，这令醇亲王一方怒不可遏，因而延误了其向德方致歉。经过长

清政府致歉代表团前往德国：9 月 4 日，德皇在波茨坦新宫殿中接见醇亲王。皇室成员洛茨（Looz）伯爵绘制。

清政府致歉代表团面见德皇：醇亲王及其随从离开火车站。泽勒及孔策(Selle and Kuntze)拍摄于波茨坦。

时间的斡旋，9 月 4 日，醇亲王终于在波茨坦受到德皇接见。由于跪拜礼带有羞辱的意味，因此最终被取消，但皇帝威廉接见来使时，态度冷若冰霜。接见典礼中，皇帝身着近卫队制服，头戴钢盔，一直端坐于宝座上。醇亲王左右无人随侍，其入场时宫廷卫队也未敬礼。醇亲王走近宝座前，曾多次鞠躬致意。作为回应，德皇仅略微摆了摆手。醇亲王宣读致歉文书之后，德皇仍旧辞色俱厉。此后，一队轻骑兵护送醇亲王返回其在橘园宫的住处。作为清朝赴德道歉谢罪的专使，醇亲王年纪虽轻，却凭借其聪明才智，在德皇面前似乎毫无逊色。

OCTOBER 12 1901 ◆ THE ILLUSTRATED LONDON NEWS ◆ SATURDAY，No.3260
1901 年 10 月 12 日　伦敦新闻画报　星期六　第 3260 期

从清朝返回的德军途经维也纳

GERMAN TROOPS IN VIENNA OF THEIR WAY HOME FROM CHINA

上左｜德军通过维也纳街头。
上右｜德军分遣队肩抗旗帜在奥匈帝国皇帝面前列队而行。
下图｜德军在普拉特（Prater）公园操练。

弗兰茨・约瑟夫（Francis Joseph）皇帝在普拉特公园检阅德军操练。

NOVEMBER 30 1901 ◆ THE ILLUSTRATED LONDON NEWS ◆ SATURDAY，No.3267
1901 年 11 月 30 日 伦敦新闻画报 星期六 第 3267 期

《辛丑条约》正式签订

THE SIGNING OF THE PEKING PROTOCOL

9 月 7 日，各国全权大使共同签字确认《辛丑条约》，这是各国为解决庚子事变采取的最后一次共同行动。为回馈清政府的妥协之举，各国均认可了议定书中第六款，即将海运进口货物关税税率调整为基础价格的 5%。该条款中所述货物包括迄今为止进入中国境内的所有免税货物，但大米、谷物及外国产面粉不在此列。各项条款目前已逐步实施，但各方均认可新关税条令开始执行前应该有两个月的缓冲期。

《辛丑条约》：9 月 7 日，各国全权代表在西班牙驻华公使馆签字确认。图中落座的各国代表从左至右依次是：克罗伯（Knobel）、小村寿太郎、萨尔瓦葛、姚士登（Joostens）、齐干（Wahlborn）、葛络干（Cologan）、格尔思（Giens）、穆默（Mumm）、萨道义、柔克义（Rockhill）、鲍渥（Beau）、联芳、李鸿章、庆亲王。唐端（D' Anthoüard）站在柔克义后方右侧。

《图片报》

JANUARY 5 1901 ◆ THE GRAPHIC ◆ SATURDAY，No.1623
1901 年 1 月 5 日 图片报 星期六 第 1623 期

在保定府处死 3 名排外的官员

THE EXECUTION OF THREE ANTI-FOREIGN OFFICIALS IN PAOTING-FU

掌握保定府生杀大权的联军委员会判处 3 名主要罪犯死刑。被处死的 3 人分别是没有保护欧洲人和清朝基督徒的布政史、鼓励和组织义和团运动的满族守尉，以及统领王占魁。王占魁在传教士贝格（Bagnall）及其妻子和小女儿前往他的营地寻求保护时容许下属杀害了他们。

在保定府处死 3 名排外的军官。
德·海因（F. DeHaenen）根据一位英国军官的速写绘制。

和谈新进展

A STEP TOWARDS PEACE

清政府已经同意接受西方各国联合发出的条约，这是一个好消息。如果清朝拒绝接受这一条约，情况就会极其严重。因为这样一来，一方面可能会瓦解各国同心协力的状态，使得各国在派军前往西安府、逼迫清朝政府接受这一文件的问题上产生分歧；另一方面使得各国继续占领直隶省，无限期地延长这一灾难。现在这场灾难得以避免，因此可以说接受这一条约的消息是非常令人满意的。不过，接受条约和履行其条件之间还有一个非常漫长的过程。在清朝局势安定下来之前，还有很多事情要做。

首先，要向柏林和东京派遣慰问和致歉使团；其次，在北京新建一处戒备森严的使馆区；再次摧毁大沽炮台；西方各国必须自行解决如何使用北京—大沽铁路这一问题；最后，要评估清朝向西方各国支付的赔偿数额，并确定支付方式。

我们认为，在满足所有上述条件之前，目前在北京的联军会一直驻守在那里。当然，在这期间赔偿一事会有小变化和停顿，确定赔偿的数目之后，在筹集这笔钱的时候仍然会产生严重的问题。海关是无力支付这笔费用的，但是如果要从国内税收中抽取钱财来支付这笔赔款的话，除非建立某种形式的国际管制，否则这笔费用的支付很难得到保障。这肯定会引起至少一个大国的反感。

最后，还有一个问题，那就是皇帝和政府返回北京的问题。关于这一点，宣布接受条约的诏书上只字未提。皇帝有没有可能打算定都在一个外国人不太容易进入的城市——也许是留在西安府？我们认为，尽管有充分的理由反对他采取这种做法，但这些理由也并非是无法克服的。如果是这样的话，接受条约将仅仅是一场闹剧，因如此一来，在北京建立戒备森严的使馆区及在北京—大沽铁路沿线派驻守卫部队将变得没有必要。同时，毫无疑问，外交机构将会被派驻到新首都去。所有这些都将使西方各国处于尴尬的境地。更尴尬的是，这一切都是因为它们没有将朝廷还都北京列入联合文件的条款之中。一个严重的后果是，清朝与外国的关系可能会恢复到1860年以前的水平。当时，清朝皇帝是不允许“蛮夷”国家的使节进入他的首都的。一旦出现这种情况，我们的未来将困难重重。

JANUARY 12 1901 ◆ THE GRAPHIC ◆ SATURDAY，No.1624
1901 年 1 月 12 日 图片报 星期六 第 1624 期

俄国和清朝东北地区

RUSSIA AND MANCHURIA

清朝与各国之间的和谈丝毫没有进展，看上去仍然遥遥无期。然而一部据称关乎清朝东北地区未来的中俄条约，给这场危机带来了新的干扰。科罗斯托维茨（Korostovitch）将军代表阿列克谢耶夫（Alexieff）海军司令和盛京[1]将军在盛京的代表签署了这项条约，条约似乎试图在盛京建立一个俄国的保护国，与大不列颠对印度本土各州的情况类似。如果这项条约属实，并得到中俄两国政府的批准，那么毫无疑问，它公然违反了自危机爆发以来俄国在若干场合所作的书面承诺。俄国在这些承诺中，承诺尊重清朝的领土完整，而且，俄国还宣称不会以一切“自私的目的”把军队派往清朝。我们还记得，针对最近签订的英德协定，俄国曾特别指出，这一协议“更符合俄国的目的，因为自目前的复杂局面开始时，俄国就是第一个把维护清朝的完整作为其对清政策基本原则的国家”。鉴于这些明确有力的保证，人们很难相信已经披露出来的条约内容。条约中有一条在盛京任命俄国政治代理人的条款，是整个条约中唯一与建立俄国受保护国有关的迹象。它的出现想必仅仅是出于科罗斯托维茨将军或者阿列克谢耶夫海军司令的过分热情。

俄国将军们的“爱国主义”，往往使他们不顾政府的指令做出些出格的事情——尤其是在政治事务上，这已不止一次地让俄国政府陷入极其复杂的局面。就在几周前，格里布斯基（Gribsky）将军未经沙皇许可，就宣布俄国吞并整个清朝东北地区。他的这一言论后来不得不由俄方出面否认。此外，在格尔斯和李鸿章都在场的情况下，俄国和清朝的一个省级官员就在清朝的一个省建立保护国这样重要的问题上进行谈判，实属可疑。这种事情通常不会让地方官员决定。下面的事实则证实了这一观点，

[1] 即沈阳，清朝在东北地区的陪都。——译者注

那就是条约的其余部分实际上就是盛京将军和科罗斯托维茨将军可能会进行谈判的一项军事公约。因此，我们希望不久后就能听到，俄国将在盛京建立保护国的消息被否认或者被证明是虚构的。当然，如果消息属实，并且得到沙皇的批准，那么势必引起国际社会的愤慨。我们不认为会有哪个国家愿意帮助清朝驱逐俄国，或者为了赔偿而与俄国抢夺清朝东北地区；但这将会对索尔兹伯里勋爵所说的各国联合行动产生严重的打击。在未来，试图依靠一致行动来解决国际政治中的严重危机将会变得极为困难。

城墙外的日常景观

AN EVERY-DAY SIGHT OUTSIDE A WALLED TOWN

本报特约画家写道："小镇城门口的城墙上悬挂着罪犯的头颅。这种可怕的景象太常见了，我们已经习以为常了。被砍头的大多是小偷。墙上张贴着他们所犯下的罪行。清朝人告诉我们，被砍头的那些人是义和团。"

城墙外的日常景观。英国皇家水彩画家协会（R. I.）的弗兰克·达德（Frank Dadd）
根据本报特约画家弗莱德·怀廷（Fred Whiting）的速写绘制。

远离阳光灿烂的地方：驻扎在山海关要塞一角的印度军队

FAR FROM THEIR SUNNY CLIMES: INDIAN TROOPS IN A CORNER OF THE FORT AT SHAN-HAI-QUAN

联军分遣队攻占山海关后，在山海关登陆的印度部队中，第 4 旁遮普步兵团和柔普骑兵团在主炮台西边不远的海滩上扎营。炮台上方悬挂着八国的国旗，因此被称作“国际炮台”。在炮台东部的角落有一门小型的克虏伯炮。如果操作得当，可能会在联军进攻炮台时，给他们带来一定的麻烦。印度军队正在这里向联军发出信号。显然他们感到天气寒冷，因此非常乐于利用联军提供的保暖衣服。

右图 | 远离阳光灿烂的地方：驻扎在山海关要塞一角的印度军队。图片由英国皇家水彩画家协会的戈登·布朗（Gordon Browne）根据英国皇家海军艾雷（F. W. Airey）的速写绘制。

北京和天津之间的交通服务

THE TRANSPORT SERVICE BETWEEN PEKING AND TIENTSIN

由于义和团破坏了京津铁路，联军只好求助于传统的交通工具沿白河而上。沿着白河可以航行到北京附近的一条运河。造型别致的大三角帆船装载着军队的行李和补给品，逆流而上。

北京和天津之间的交通服务。查尔斯·狄克勋（CharlesDixon）根据沃威克贸易公司[1]（Warwick Trading Co.）特派记者拍摄的照片绘制。

[1] 英国伦敦的一家电影公司。——译者注

JANUARY 19 1901 ◆ THE GRAPHIC ◆ SATURDAY, No.1625
1901 年 1 月 19 日 图片报 星期六 第 1625 期

联军在清朝的进展

PROGRESS IN CHINA

尽管清朝和谈代表之间的争吵跟欧洲各国外交代表之间的争吵一样激烈，但他们在签署议和大纲时所花的时间，比起草者起草该声明时所花的时间要少。不过，我们不知道议和大纲的签署对达成最终解决方案有多大的影响。清朝人十分狡猾，就像布雷特·哈特（Bret Harte）多年前指出的那样，他们比白人更善于保守秘密。在清朝官员看来，即使盖了皇帝的玉玺，协议也并不像欧洲人看来那么神圣，具有约束力。前些日子，我们曾好奇地窥探清朝人在这一点上的心理。当时，李鸿章在回答张之洞的反对意见时，不耐烦地说："先签后辩。"现在又会有多少争论呢？当争论结束，确切的和平条约起草完毕时，太后会批准吗？仅这些问题就表明，我们不能肯定地认为危机已经接近尾声。签署议和大纲意味着李鸿章及其支持者目前已经如愿以偿。他们通过什么样的妥协促成了议和大纲的签署，以及他们是否会遵守，这仍然值得怀疑。

清朝那些有影响力的官员肯定是反对议和大纲中的条款的。其中不仅包括仍然受到太后大力支持的保守派荣禄，还包括大权在握的两江总督刘坤一。他们完全不可能同意议和大纲，有可能会在征求意见的阶段修改其中的条款，或者通过无限期推迟政府回北京来破坏它。我们记得，张之洞不久前才提出后一种办法。如果清政府一旦这样做，议和大纲的大部分条款将变成一纸空文。正如我们两周前指出的那样，清朝与西方各国之间的官方关系将恢复到 1860 年以前那种糟糕的状态。无论如何，谈判现在进入了新阶段，这是清朝恢复正常局势必须采取的许多步骤之一。评估赔偿数目、制订支付赔偿的计划、国际金融组织的有效监管及重新制订通商条约仍然是西方各国要面临的问题。这些工作需要几个月的外交谈判。当这些工作完成后，清朝很有可能会发生大的改变。我们希望，错综复杂且困难重重的工作能够顺利进行，不会进一步地复杂化。

一支由哥萨克人和苦力组成的混合队伍拉着一辆弹药车。
英国皇家水彩画家协会的弗兰克·达德根据马克斯·雷希尼策（Max Rechnitzer）提供的照片绘制。

庚子和谈

THE CHINESE PEACE NEGOTIATIONS

经过极其耐心的讨论，庆亲王和李鸿章先后正式代表皇太后签署同意了各国对清朝提出的“不可更改”议和大纲。毫无疑问，清朝之所以迟迟不愿接受这些条件，是因为清朝在一定程度上意识到，某些大国同样认为这些条件过于苛刻，清朝政府希望拖延下去，以便可以修改其中一些条件。然而，上周五，这两名清朝全权大臣收到清政府同意议和大纲的电谕，电谕中还授权他们在签署文件时使用玉玺。于是，庆亲王请求日本司令官允许他进入紫禁城取玉玺，这一请求立刻就获得准许。在和谈初期，皇太后曾给全权大臣发电报，禁止他们签字，但经过一番考虑之后，她改变了态度。张之洞总督是那些劝她不要让步的朝臣之一。而庆亲王和李鸿章发给皇太后的电报，则针锋相对地提供了有理有据的相反建议。读完这封电报后，张之洞认识到自己的想法是错误的，并且深感自责。清朝必须接受议和大纲中的条款，联军才会撤出北京和直隶省。

清朝和谈代表庆亲王。正是他同李鸿章与各国代表进行和谈，并签署协议。他帽子上的圆形饰品周围都是珍珠。马丁·米勒（J. Marten Miller）拍摄。

参与北京和谈的各国公使。[1] 前排从左到右：美国公使康格少校、俄国公使格尔思（M. de Giers）、西班牙公使葛络干（Don B. J. de Cologan）、奥匈帝国公使齐干（M. C. de Walltom）男爵、德国公使穆默（Von Mumm）博士。后排从左到右：意大利公使萨尔瓦葛侯爵、法国公使瓦色瓦斯（D'A. de Wasservass）男爵 、英国公使萨道义爵士、日本公使西德二郎男爵、比利时公使姚士登（M. M. Joostens）。马丁·米勒拍摄。

[1] 最终签署条约的列强代表分别为：德国公使穆默、奥匈帝国公使齐干、比利时公使姚士登、西班牙公使葛络干、美国公使柔克义、法国公使鲍渥、英国公使萨道义、意大利公使萨尔瓦葛、日本公使小村寿太郎、荷兰公使克罗伯、俄国公使格尔思。——译者注

在清朝的一支殖民地军队医疗队

A COLONIAL AMBULANCE CORPS IN CHINA

这支医疗队是随澳大利亚海军特遣队来到清朝的。他们来自新南威尔士州，负责人是来自悉尼的斯蒂尔（Steel）医生。

在清朝的一支殖民地军队医疗队。马丁·米勒拍摄于北京庄王府（The Chung Wong Zu Palace）的司令部。

JANUARY 19 1901 ◆ SUPPLEMENT TO THE GRAPHIC ◆ SATURDAY，No.1625
1901 年 1 月 19 日 图片报（增刊） 星期六 第 1625 期

国际调查委员会调查保定大屠杀事件

THE INTERNATIONAL COMMISSION OF INQUIRY INTO THE MASSACRES AT PAOTING-FU

下图中，直隶藩台在处理义和团运动及平息骚乱问题上极其不力，国际调查委员会聚集在保定府直隶总督署对其展开调查。

国际调查委员会调查保定大屠杀事件。英国皇家水彩画家协会的弗兰克·达德根据普尔（Poole）上校的速写绘制。

殖民地士兵在清朝的活动：一名为营地运送补给的澳大利亚水兵

COLONIALS CAMPAIGING IN CHINA: AN AUSTRALIAN BLUEJACKET BRINGING SUPPLIES TO HIS CAMP

本报跟随保定远征队的特约画家说，这支纵队由蒂克尔（Tickle）舰长率领的一支澳大利亚水兵分队陪同。在他看来他们都很优秀，在军营里非常受欢迎。

殖民地士兵在清朝的活动：一名为营地运送补给的澳大利亚水兵。
英国皇家水彩画家协会的纳什（J. Nash）根据本报特约画家弗莱德·怀廷的速写绘制。

“他的守护神：一位军官在山海关的宿舍”

“HIS GUARDIAN ANGEL: AN OFFICER’S QUARTERS IN SHAN-HAI-QUAN”

一位记者写道：“山海关的各处炮台投降后不久，这些炮台和山海关城（3.5 英里内的内陆地区）便立即被联军占领，山海关城的四道城门分别由不同国家的卫兵把守。北门由印度军队和法军轻骑兵把守。英军指挥官的宿舍是一座废弃的佛寺。现代的欧洲行军床和露营设备置身于大小不一、形态各异的中国古代神像中间，感觉有些古怪。行军床旁边巨大的神像很快就获得了‘守护神’的称号。”

“他的守护神：一个军官在山海关的宿舍。”
博伊德（A. S. Boyd）根据英国皇家海军艾雷的速写绘制。

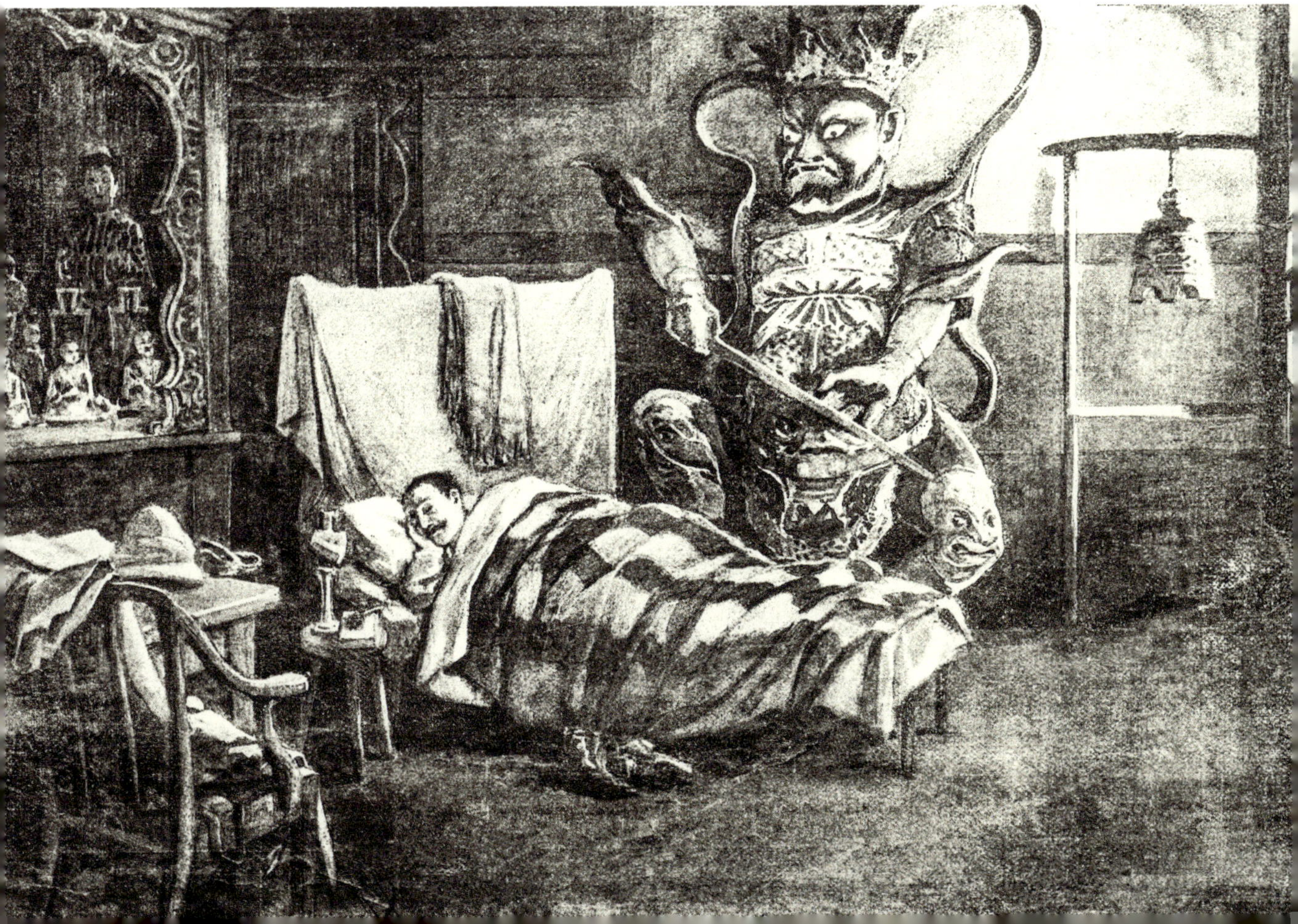

辫子的作用

THE USE OF THE PIGTAIL

孟加拉枪骑兵押解的义和团俘虏。英国皇家水彩画家协会（R.W.S.）的弗利普（C. E. Fripp）根据本报特约画家弗莱德·怀廷的速写绘制。

法国军队的一次新奇经历

A NOVEL EXPERIENCE FOR THE FRENCH CONTINGENT

在去往保定府的路上，法国人雇了许多骆驼作为运输工具。抵达白河的时候，骆驼的用处就显现出来了。大部队通过由马德拉斯的工兵和矿工匆忙架起的便桥顺利过河。由于骆驼负重过大，无法通过便桥，只得涉水而行。

法国军队的一次新奇经历。
约翰・查尔顿（John Charlton）根据本报特约画家弗莱德・怀廷的速写绘制。

驻扎在天津的各国军队

TYPES OF TROOPS AT TIENTSIN

行军途中的意大利步兵。根据马克斯·雷希尼策提供的照片绘制。

一支日本巡逻队。根据马克斯·雷希尼策提供的照片绘制。

视察德国军队。根据马克斯·雷希尼策提供的照片绘制。

火车站的俄国军官。根据马克斯·雷希尼策提供的照片绘制。

FEBRUARY 16 1901 ◆ SUPPLEMENT TO THE GRAPHIC ◆ SATURDAY，No.1629
1901 年 2 月 16 日 图片报（增刊） 星期六 第 1629 期

报复行为

AN ACT OF RETRIBUTION

王盘村（Wang-pan）是有名的义和团活动中心。村子修建有壕沟和其他防御工事。第 3 孟买枪骑兵团来到这座村子时，村子里已空无一人。几天前，义和团便已经离开了这里。孟买骑兵便放火烧掉了这个村子。

报复行为。斯彭斯（F. S. Spence）根据本报特约画家弗莱德·怀廷的速写绘制。

抢劫来的赃物

A HAUL OF LOOT

当地学生从一座清朝寺庙掠走财物。

FEBRUARY 23 1901 ◆ THE GRAPHIC ◆ SATURDAY，No.1630
1901年2月23日 图片报 星期六 第1630期

对紫荆关发起最后一次进攻

THE FINAL ASSAULT ON THE GATEWAY AT THE TSU-JING-KWAN PASS

本报记者写道："紫荆关位于北京西南方100英里处，易守难攻，由3个营的清军驻守，他们有3门速射炮和一些老式大炮。经过3个小时的激战，德军海军陆战队第2营、第16孟加拉枪骑兵团、英国皇家工兵4连的孟加拉工兵和矿工连[1]攻占紫荆关，清军留下100余具尸体后落荒而逃。"

对紫荆关发起最后一次进攻。索珀（G. Soper）根据霍尔曼（H. C. Holman）上校的速写绘制。

[1] 士兵多数是孟加拉和其他地方矿工出身，因此也被称为孟加拉工兵和矿工连。——译者注

清朝东北地区的俄国军队：哥萨克人驱赶背负草料的满族和清军俘虏前往齐齐哈尔

THE RUSSIAN CAMPAIGN IN MANCHURIA: COSSACKS ESCORTING MANCHUS AND CHINESE PRISONERS LADEN WITH FORAGE AT TSITSIKAR

一名随军记者写道：俄国军队前往齐齐哈尔的途中，沿途所有的满族村庄都被付之一炬。哥萨克小分队时不时外出搜集食物，以保证充足的补给。获得必要的食物和草料后，哥萨克骑兵就会用鞭子驱赶背负着沉重物资的满族和清军俘虏前往俄军营地。

清朝东北地区的俄国远征队：哥萨克人驱赶背负草料的满族和清军俘虏前往齐齐哈尔。
英国皇家水彩画家协会的弗瑞普根据俄军中一位随军记者的速写绘制。

MARCH 2 1901 ◆ THE GRAPHIC ◆ SATURDAY，No.1631
1901 年 3 月 2 日 图片报 星期六 第 1631 期

与清朝的协议

THE CHINA SETTLEMENT

笼罩在清朝头上的阴云似乎正在散去，情况终于有可能恢复正常了。瓦德西直截了当的“恐吓”，迫使李鸿章放弃拖延战术，同意各国的要求。同时，清政府也颁发了批准这些要求的御旨。联军已经在讨论撤军日期。然而，有一个难题尚未解决，那就是必须评估西方各国应得的赔偿数额，并确定支付方式。评估也许不是一项非常困难的任务，因为没有什么可以阻止联军随心所欲地提出要求，而只要他们的要求不太过分，就肯定可以通过。支付赔款的途径和方式问题更加棘手，如果清朝政府只能提供期票，西方各国势必难以接受。

在赔偿问题上，英国人认为有两件事势在必行：一是，这一数额不能给清朝的对外贸易造成难以承受的负担；二是，支付必须及时，且不能给清朝腐败的内部税收制度新的机会，目前这种腐败的内部税收制度正阻碍着帝国内的自由贸易。毫无疑问，海关关税的增加不可避免，但如果清朝不废除厘金，英国就不能同意其增加关税。厘金等国内的税收与条约相悖，如果各国不抓住当前的机会一劳永逸地取消这些税收，那将是一个致命的错误。俄国正在清朝东北地区废除这些厘金制度。由于其中巨大的商业利益，我们在这方面不能落后于俄国。这一政策很有可能会遭到官僚阶层的反对，因此，在清朝人对西方各国的惩罚措施记忆犹新的时候，彻底解决这件事适逢其时。

接下来我们还有两个任务：一是，我们必须保证赔偿的数额是公平的；二是，我们必须规定，无论清朝政府采取什么办法支付赔款，清朝现行的内部税收制度必须得到彻底改革。税收制度改革有着双重好处。它将极大地推动对外贸易，同时将债务的支付交给负责任和值得信赖的人，从而摆脱国际监督的问题。与此密切相关的是长江地区的未来。我们有理由担心：一旦外国军队撤回，清朝皇室回到北京，再次掌权，他们将试图除掉长江流域的总督，并惩罚他们在危机开始时对抗朝廷的行为。对于英国来说，消除清政府在这方面可能抱有的一切幻想是件好事，而且越早这样做越好。在西方各国和本省的利益最大化方面，这些总督做得很好，决不能让他们因此被罢免。的确，我们不能眼睁睁地看着清朝重要的贸易航道因排外团体的煽动而废弃。排除一切感激之情，仅仅出于这个原因，我们也必须站在总督们一边。在这一问题上，德国同英国的利益一致。德国势必会与英国一起向清政府声明，必须保持两江地区的现状。

70 辆马车的战利品被运往法国。随后，其中一辆马车的战利品被退回清朝。被退回的这一大堆战利品是从太庙里抢来的。弗雷将军把它们送到马赛，但在法国政府的命令下，它们被退了回来。弗雷德里克・德・海因根据一位记者拍摄的照片绘制。

在清朝抢掠

LOOTING IN CHINA

近期，对攻占北京时发生的抢劫事件的报道铺天盖地。毫无争议的是，这种大规模的掠夺行为获得了联军上层的允许，不过关于这一行为是否站得住脚的问题已经引起了许多人的关注。最近，一大批掠夺所得的财宝刚刚运抵马赛，就被法国政府迅速送回清朝。《生活画报》（*La Vie Illustrèe*）的卢西安·勒罗伊（Lucien Leroy）最近刚从北京回来。他带来的照片显示，联军一进北京，就开始掠夺珍宝。

有趣的是，这位法国记者（从他的照片中我们找出了 3 幅做成了插图）对这个问题的看法。首先必须指出的是，他在批评中并未宽恕自己的同胞。他主要介绍了联军对太庙的掠夺。他在文章中指出，传教士和清朝基督徒都参与到了劫掠之中。在他的一张照片中，一位主母会（Marist）传教士雇了一些当地男孩——他的学生——搬运一大包战利品，它们是弗雷将军运往法国的 70 辆马车战利品中的一部分。勒罗伊先生毫不犹豫地说，掠夺似乎是联军的首要目标。他把这次远征比作 1839 年和 1860 年的远征。在 1860 年的远征中，英法联军将圆明园洗劫一空。樊国良主教最近也从北京回来。针对进入普通百姓家抢劫这一问题，他坚决地为自己在清朝的教友辩护，并宣称，如果一些基督徒在他不知情或者违背主教命令的情况下，以任何方式抢劫了清朝家庭的财产，他将会做出必要的补偿。

一位主母会传教士指挥男孩搬运掠夺来的物品。根据一位记者拍摄的照片绘制。

北京的法国军事法庭

A FRENCH COURT-MARTIAL IN PEKING

联军攻占北京后，将北京城分成几个部分，由各国分别进行管理。涉嫌参与义和团运动的“囚犯”被带到军事法庭受审。

北京的法国军事法庭。弗雷德里克·德·海因根据一位记者拍摄的照片绘制。

MARCH 9 1901 ◆ THE GRAPHIC ◆ SATURDAY, No.1632
1901 年 3 月 9 日 图片报 星期六 第 1632 期

清朝东北地区的危机

THE MANCHURIAN DANGER

毫无疑问，俄国对清朝东北地区采取的行动使远东危机发生了非常重大的变化。大约 6 个星期前，我们收到了阿列克谢夫海军司令与清朝缔结了一项协定的消息。根据这项协定，他们似乎要在清朝东北地区划出一片地区建立一个俄国的保护国。我们当时的意见是，该协定的意义被夸大了。俄国政府此前所作的保证证实了我们的看法，即该协定纯粹是临时性的军事协定。从那以后，关于进一步签订条约的传言就像往常一样，通过消息灵通的《泰晤士报》驻北京记者莫理循博士传到伦敦。这项条约显然既不是军事条约，也不是临时条约。尽管俄国政府宣称外界了解的只是条约的部分内容，但主要条款大致上都是正确的。毫无疑问，这一条约试图在清朝东北地区建立一个俄国的虚拟保护国，同时消除其他国家在当地所享有的重要权利，因此迅速招来了强烈的抗议。目前为止，至少 6 个国家向清政府提出抗议。在这种情况下，我们不相信这一协定还能够持续下去。然而，无论如何，这都非常令人震惊。

首先，从俄国方面来说，这显然是一种不守信用的行为，因为它违反了俄国政府的承诺。俄国政府此前一再表示，希望西方各国在清朝采取一致行动，并且保护清朝的完整性。但这并不是最令人不安的。所有人都知道，总有一天俄国会尽其所能吞并清朝东北地区，人们同样知道，当这一天到来时，将会出现严重的危机。现在看来，俄国不打算无限期地推迟这一尝试，即便俄国现在撤出，我们也可能很快便看到其以不同的方式再次行动。我们担心，无论俄国何时重启这一行动，都将成为大规模争夺清朝领土的信号。日本不太可能在不要求赔偿的情况下允许俄国占领清朝东北地区。事实上，日本已经明确表示过其会这样做。日本的举动将不可避免地导致其他国家采取类似的行动，而这种行动必将导致某些大国之间发生冲突。这些都是俄国行动可能带来的严重危机。我们诚挚地希望，西方各国能避免上述危机，妥善处理这一问题。明智的政治家将努力营造一种友好的谅解。通过这种谅解，所有大国的基本目标和利益都会得到永久的保障。我们将努力寻找一种既能满足俄国愿望又不损害其他任何大国利益的办法，而不是对其放任不管。争论这一协定是否道德毫无意义，我们需要坦率地交换意见。但不幸的是，坦率并不是俄国人的性格。

在中国香港宣布英国国王即位的消息

PROCLAIMING THE KING AT HONG KONG

香港总督在香港板球场宣布了英国国王即位的消息。在场的有军队的指挥官、海军少将、维多利亚主教、首席法官、海军准将、行政及立法会成员、按察副使，以及地方执法官。然后举行了皇家敬礼仪式。1000 名陆军士兵及同样数量的海军陆战队士兵和水兵参加了典礼。

在中国香港宣布英国国王即位的消息。迪金森（F. C. Dickinson）根据费舍尔（H. G. C. Fisher）拍摄的照片绘制。

与在清朝水域的英国舰队同行：拍卖死去战友的遗物

WITH OUR FLEET IN CHINESE WATERS: SELLING A DEAD COMRADE'S EFFECTS BY AUCTION

当一位水兵在服役期间死亡时，按照惯例，他的衣物会在战友之间拍卖，拍卖所得会转交给死者的亲属。通常这些东西拍卖出的价格要高于它们本身的价值，因为大家都很乐意帮忙。有时，第一次的中标者会将同一件衣服进行二次拍卖，这样一来，拍卖到的钱往往比预期的高很多。

与在清朝水域的英国舰队同行：拍卖死去战友的遗物。图片由沃特斯（D. B. Waters）绘制。

保定府的官员们要求联军暂缓几天进城

A DEPUTATION OF OFFICIALS FROM PAO-TING FU ASKING FOR A FEW DAYS' DELAY

本报特约艺术家写道："当来自北京的联军抵达保定府时，当地官员在布政使的带领下出来迎接他们。他们随行的士兵没有携带武器。他们请求联军在 3 天后进城。联军答应了他们的请求，同时要求他们必须为联军的马匹提供饲料。"

保定府的官员要求联军暂缓几天进城。
英国皇家水彩画家协会哈瑟勒尔（W. Hatherell）根据本报特约画家弗莱德·怀廷的手稿绘制。

MARCH 16 1901 ◆ THE GRAPHIC ◆ SATURDAY，No.1633
1901 年 3 月 16 日 图片报 星期六 第 1633 期

俄国和清朝

RUSSIA AND CHINA

欧洲舆论正逐渐认识到俄国在所谓的“东北地区协议”中提出的要求将对清朝带来严重问题。这项协议是否可以证明俄国单方面违约，这个问题非常重要。尽管兰姆斯多夫（Lamsdorff）伯爵[1]已经通过英国政府向全世界发出一份保证，但无论有没有这份保证，大家都无法接受俄国提出的这种不合理的要求。兰姆斯多夫伯爵表示，俄国无意获得清朝领土，也无意对“清朝东北地区进行实际或名义上的干涉”。俄国想要的只是“一个有效的保证”，保证其边境不会受到攻击。然而，只有当保证极具可行性的时候，才能确保协议不受损害。因为实际上，关于金州（Kinchau）的条款便是在索取领土，而关于清朝东北地区军事控制的条款则把这一地区拱手让给了俄国国防部。如果这就是金州协议的全部内容，那么相对而言它还不算太大的事情。

协议中的第七条条款实际上为俄国开辟了一处新的势力范围，其规模之大，甚至连最雄心勃勃的梅赫勒·德·赖希（Mehrer des Reiches）[2]也会为之折服。俄国大笔一挥，不仅是清朝东北地区，甚至连清朝蒙古、喀什、莎车、和阗[3]都成为了俄国的扩张目标。在这片广袤的土地上，除了俄国，没有任何外国势力可以获取“与矿山、铁路或其他事务相关的利益”。换句话说，这份协议允许俄国垄断这些省份的经济。俄国冷静地提出要纳入自己势力范围的地区，面积竟达 200 万平方英里。

奇怪的是，我们被告知俄国提出这一要求只是为了确保边界安全得到“有效保障”。然而可以肯定的是，确保这种安全的方法应该是调整清朝在边境省份的军事力

---

[1] 俄国外交大臣。——译者注

[2]“帝国扩大者”，中世纪神圣罗马帝国皇帝封号的一部分。——译者注

[3] 今和田。——译者注

量，而不是排除欧洲的特许权持有人、工程师和商人。当然，西方各国不可能容忍俄国建立这样的势力范围，更何况其为了得到这些利益，又添加了与现有条约相冲突的规定。英国不会同意，其他各国也不同意这项协议。清朝喀什、莎车、和阗既与英属印度接壤，也与俄国的亚洲部分相邻。尽管我们无意向这些方向发展，但我们不会允许这扇大门无缘无故地对我们关闭。我们更不会允许俄国排斥在这些省份寻求经济利益的英国企业。这些提议过于过分，以至于我们怀疑已经公开的协定条款的真实性。然而如果并不属实，为什么拉姆斯多夫伯爵不否认呢?

APRIL 6 1901 ◆ THE GRAPHIC ◆ SATURDAY，No.1636
1901 年 4 月 6 日 图片报 星期六 第 1636 期

清朝的前景

THE PROSPECT IN CHINA

南非和东亚仍是公众关注的热点。在这两个危机中，东亚危机更为有趣，因为它的结局仍然未知，而且它有给我们无限惊喜的可能。清朝东北问题一直以来都十分复杂，如果试图在不扰乱现有安定局面的情况下解决这一问题，势必会对各方势力的外交工作提出很大的要求。这个问题暂时被搁置起来。各方势力都认可冯·布洛（Von Buelow）伯爵的巧妙方案，并且成功说服清朝在与各国达成和解之前，不要单独签署任何涉及领土转让的协议。换句话说，在赔偿问题圆满解决之前，不允许清朝就东北问题签署协定。然而这只是推迟协定的签署，并没有解决任何问题。显然俄国已经下定决心占有清朝东北地区，而现在正是时候。只有清朝东北地区的收益或资源以某种方式抵押给各方势力时，赔偿问题才能解决。但不可能这么做，因为这样做会立即招来异议。因此，一旦清朝就赔偿问题与西方各国达成一致，俄国就可能会再次要求清朝就东北问题签署协定。接下来会发生什么呢？

我们知道，德国不会采取任何行动。奥地利、意大利和大多数小国家可能会效仿德国。为了保护自己的商业利益，英国会与俄国进行谈判，最终双方达成友好的妥协。毫无疑问，美国也将加入这一行列。不过，俄国还必须应对日本。日本绝不允许俄国在清朝东北地区确立自己的势力范围，这对其至关重要。日本是英德协定的缔约国之一，该协定明确规定维护清朝领土的完整。日本不像德国那样有所保留，所以我们也没有对其有所保留。因此，日本完全有权利呼吁我们同其一起防止清朝东北地区落入俄国之手。除非俄国修改协定，从中删除一切试图夺取清朝东北地区主权的内容，否则在我们看来，清朝东北地区势必落入俄国之手。我们可以肯定，日本不会满足于任何模棱两可的安排，因为其清楚地知道，如果日俄两国爆发战争，那么现在开战远比俄国在清朝东北地区站稳脚跟时再开战对其更有利。因为到那个时候，俄国就可以稳稳地占领朝鲜，公然藐视日军。

维多利亚女王去世：北京的纪念挽歌

THE DEATH OF QUEEN VICTORIA: A COMMEMORATIVE DIRGE IN PEKING

2 月 2 日，紫禁城外广场举行了一场令人印象深刻的维多利亚女王悼念仪式，在北京的各国军队都有参加。仪式一开始，印度军队的风笛乐队为他们挚爱的女王演奏了一曲挽歌，军队士兵枪口朝下默哀。之后，牧师为死者祈祷，驻扎在南门的皇家野战炮兵每隔一段时间就鸣响礼炮。除了庄严的炮声，阴暗古老的庭院里一片寂静，只有牧师的祷告声。在皇家敬礼仪式举行之后，风笛手奏起另一首挽歌。最后，仪式在号兵吹响的《最后岗位》（*Last Post*）的军乐中结束。

维多利亚女王去世：北京的纪念挽歌。本报特约画家弗莱德 · 怀廷绘制。

非洲猎骑兵在一位清朝向导的指引下侦察

CHASSEURS A'AFRIQUE, WITH A CHINESE GUIDE, RECONNOITRING

我们曾经跟随联军前往保定的特派画家这样写道：“从保定府出发之后的第一天，我们遇到一队非洲猎骑兵。他们骑着灰色的马，在乡间侦察。他们看起来十分潇洒，胯下的马匹也非常漂亮。与他们同行的是一位骑着一匹粗野小马的清朝向导。从各个方面来看，他都与他所引导的军队形成剧烈的反差。”

右图 | 非洲猎骑兵在一位清朝向导的指引下侦察。乔治斯・斯考特（Georges Scott）根据本报特约画家弗莱德・怀廷的速写绘制。

清朝的新年

THE CHINESE NEW YEAR

清朝人不过圣诞节，但他们会庆祝他们的新年。2 月 19 日，他们在新月的映照下开始了他们的新年。在这一天，他们会吃上一顿丰盛的年夜饭，还会燃放烟花爆竹庆祝。烟花爆竹中有一些彩色细长的鞭炮，其中一些鞭炮长 15 英尺，宽约 6 英寸，悬挂在阳台上，一直垂到街道的地面上，然后，人们从底部点燃鞭炮。在 5 到 10 分钟内，这些鞭炮会一直发出震耳欲聋的爆炸声和嘶嘶声（类似于步枪的射击声）。一个个小爆竹从束缚它们的线上挣脱，射向街道。小孩们则开心地绕着飞起的碎片手舞足蹈。

右图 | 清朝的新年。弗雷德里克·德·海因根据英国海军艾雷的速写绘制。

APRIL 13 1901 ◆ THE GRAPHIC ◆ SATURDAY，No.1637
1901 年 4 月 13 日 图片报 星期六 第 1637 期

处决袭击外国游艇的海盗

THE EXECUTION OF THE PIRATES WHO ATTACKED A FOREIGN HOUSEBOAT

一名驻广州的记者在 2 月 15 日的报道中写道："1 月 27 日，一伙海盗袭击了'海尔维蒂亚'号（Helvetia）游艇，当时游艇上的 4 名外国人成功地将他们击退。2 月 14 日，两名参与此次袭击的海盗在三容基（Sam Yung Kee）附近的河岸——袭击发生的地方——被处决。

"行刑地点位于水边的一处斜草坡。德国武装登陆艇'施密尔'号（Schamien）、英国河上炮艇'罗宾'号（Robin）、其他几艘登陆艇及十余艘清朝炮艇停泊在行刑地点对面。德英两国的海军军官和领事馆官员与当地的地方法官和其他清朝官员一起，在大约 60 码远的一处高地上监斩。刑场由数百名清军士兵把守。他们身穿红色外衣，头戴蓝色头巾，手持华丽的旗帜，在背景中形成一排漂亮的队列。村民们无一在场。事实上，没有任何形式的'公众'参与。死刑犯从外国官员中间走过，这些官员纷纷后退，让他们通过。最终，他们走到一座草屋前，被正式判处死刑。他们的脖子上画了一条红色的细线，领子上竖着一面小旗子，旗子上方写着犯人的姓名、罪行和判决。行刑之前，这些小旗子就插在他们身后的地上。那些人脸色苍白，没刮胡子，憔悴不堪，又脏又乱，被折磨得遍体鳞伤。他们要独自走到行刑地点——河岸的斜坡上，刚好有一块平坦的天然草地。他们跪倒后，刽子手脱下上衣，卷起袖子，把受刑人的头调整到合适的角度，然后举起又快又重的大刀，每挥一下就砍下一颗人头。刽子手的帮手立即把尸体向前推到被砍下的头上。

"参与袭击游艇的海盗共有 8 人。据称，3 人在袭击中被击毙，另外 2 人在拒捕过程中被击毙，另有 1 人与其他 7 个与此次袭击事件无关的人一起被捕。昨天，早在这些外国官员出发前，那 7 名与袭击事件无关的海盗就已经跪成一排，被以同样简单而快速的方式处决。由于人数众多，在这一过程中，刽子手换了 3 把磨得锋利的刀。在袭击中受伤的两名外国人恢复情况良好。"

处决袭击外国游艇的海盗。迪金森（F. C. Dickinson）根据米基（A. Michie）的速写绘制。

北京天坛公园内的运动会

A GYMKHANA IN THE PARK OF THE TEMPLE OF THE HEAVEN, PEKING

天坛是北京城中的圣地之一，此前尚未有外国人进入。天坛祈年殿是清朝最重要的祭祀场所，清朝皇帝每年都会两度前往此处向天神献祭。这座有着三重檐的圆形大殿拥有独特的神圣性。联军占领北京之后，在这座多年以来一直禁止“洋鬼子”进入的祭坛里举办了运动会和军事体育运动。下页插图展现的是运动会中的骑马比赛。英国、德国和美国军队的军官参加了这场比赛。

右图 | 北京天坛内的运动会。弗雷德里克・德・海因根据一张照片绘制。

APRIL 20 1901 ◆ THE GRAPHIC ◆ SATURDAY，No.1638
1901 年 4 月 20 日 图片报 星期六 第 1638 期

榨干清朝

FLEECING THE CHINESE

如果电报中所说的索赔数字准确无误的话，那么欧洲的一些基督教国家已经毫无“诚实”可言了。日本、美国和英国的要求相当温和，但其他大国似乎正利用这个机会，尽可能多地从清朝榨取资金。德国和俄国提出的赔偿额最大，而实际上，后者已经吞并了清朝东北地区，提前获得了赔偿，而前者自几年前用卑鄙的借口占领胶州湾后便一直惬意地占据着那里。由于德国抢占胶州湾是后来扰乱远东和平并造成无限痛苦、破坏和杀戮等严重问题的开端，人们可能会问，从道义上讲，清朝是否可以要求德国给予赔偿。无论如何，义和团运动的爆发，西方各国不能说完全没有责任。欧洲不顾清朝政府和人民的意愿，极力劝说传教士来清朝；与此同时，所有的欧洲大国都不顾国际法，各自抢占了部分清朝领土。我们自己也好不到哪里去，我们吞并了香港，却没有给清朝以相应的回报。

现在西方各国提出的赔偿总额是约六千万两白银。专家们都在讨论清朝将如何支付这笔巨款。当然，清朝是拿不出那么多现款的，而且其似乎也无法为贷款提供足够好的担保。兰斯顿（Lansdowne）勋爵拒绝了废除或改革厘金的建议。厘金可能是一种非常糟糕的税收，但它却是地方官员行政经费和工资的主要来源。可废除厘金或将其交由欧洲人来征收，但欧洲根本没有办法强迫清朝进行这样的革命性变革。唯一可以明确的是提高关税，但是除非国内消费税也随之增加（这实际上是不可能的），否则其结果只会是进一步鼓励在清朝建立制造厂，而这对兰开夏郡及德国和美国制造商不利。面对这些重大困难，西方各国很可能为了自己的利益，同意减少赔偿，并将其损失的一部分作为坏账注销。

清朝皇帝和他的两位谋臣

THE CHINESE EMPEROR AND TWO OF HIS ADVISERS

下面这幅图片最近在远东地区被广为流传。据称，图片中间是清朝皇帝，两边分别是康有为和梁启超，他们是清朝的主要改革者。据说，这幅图片最初在日本出版，而且，这两位改革者的照片是真实的。

清朝皇帝和他的两位谋臣。从左到右分别为：梁启超、清朝皇帝、康有为。

APRIL 27 1901 ◆ THE GRAPHIC ◆ SATURDAY，No.1639
1901 年 4 月 27 日 图片报 星期六 第 1639 期

在北京一条拥挤的大街上，士兵和水手自娱自乐

SOLDIERS AND SAILORS AMUSING THEMSELVES IN A CROWED THOROUGHFARE IN PEKING

本报特约艺术家写道："通向内城南门[1]的路，一直是北京最拥挤的道路之一。街上的商人、赶驴的孩子、驼队、人力车和川流不息的北京推车，像英国伦敦河岸街[2]（the Strand）上的公共汽车一样，一辆接一辆地挤来挤去，日复一日。联军士兵和水手最喜欢的娱乐活动是骑驴。他们身穿各式各样色彩鲜明的东方或西方制服，成为一道独特的景色，但也加剧了交通的拥挤。

右图 | 在北京一条拥挤的大街上，士兵和水手自娱自乐。弗兰克·克雷格根据本报特约画家弗莱德·怀廷的速写绘制。

[1] 即前门。——译者注
[2] 伦敦市西敏城的一条繁华大道。——译者注

MAY 4 1901 ◆ THE GRAPHIC ◆ SATURDAY，No.1640
1901 年 5 月 4 日 图片报 星期六 第 1640 期

第一支离开的英国军队

THE FIRST BRITISH TROOPS TO LEAVE

本报特约艺术家写道：“离开清朝之前，由海军士兵和海军陆战队士兵组成的新南威尔士州分遣队，在英国海军上校吉莱斯皮（Gillespie）的指挥下，在銮驾库接受阿尔弗雷德·盖斯利（Alfred Gaselee）将军和巴罗将军的视察。虽然他们来得太晚，没有参加任何战斗，但盖斯利将军仍然赞扬了他们所做的有益的工作。这支部队中很大一部分人是退伍的海军士兵和海军陆战队士兵。为了来到清朝，他们放弃了自己在陆地上的工作。”

右图 | 第一支离开的英国军队。图片由本报特约画家弗莱德·怀廷绘制。

在天津针锋相对：英国和俄国哨兵在有争议的领地上

FACE TO FACE AT TIENTSIN: THE BRITISH AND RUSSIAN SENTRIES ON THE DISPUTED TERRITORY

英国军事工程师为连接主要铁路和距离法国浮桥南部 100 码的河面，建造了一个短环线。工程施工期间，英国并未收到来自俄国的任何意见。但当这一环线修到距离河面 40 码的地方时，俄国人突然发现那块地是他们要求的租界的一部分，于是他们立即在新铺设的枕木前设立岗哨，并要求英国停止铺设。英国军官立刻增派半个连队的马德拉斯工兵和矿工赶到事发地，把岗哨增加了一倍，并命令他们继续工作，但不要干涉俄国的岗哨，除非他们的工作受到干扰。与此同时，双方都在加紧增援，后约有 150 名印度士兵和相同数量的哥萨克人面对面对峙起来。最后，双方的部队奉各自政府的命令撤回，这件事也交由双方政府解决。

在天津针锋相对：英国和俄国哨兵在有争议的领地上。根据麦基（A. H. Mackay）拍摄的照片绘制。

MAY 11 1901 ◆ THE GRAPHIC ◆ SATURDAY，No.1641
1901 年 5 月 11 日 图片报 星期六 第 1641 期

伯爵宫的军事展览

THE MILITARY EXHIBITION AT EARL'S COURT

猛攻北京城墙。图中壮观的场面正在帝国剧院上演。乔治·索珀（George Soper）绘制。

骑着清朝矮种马的强盗遭到孟加拉枪骑兵的追赶

ROBBERS ON CHINESE PONIES BEING PURSUED BY BENGAL LANCERS

本报特约艺术家写道："持枪的强盗偶尔会给我们的警戒部队制造一些麻烦。他们抢劫村庄，也抢劫公路上的清朝行人。下页图中的一群强盗正被孟加拉枪骑兵追赶。

"强盗们骑术精湛，胯下是充满野性的矮种马。这些矮种马在崎岖不平的地面上甚至比枪骑兵的军马跑得还要快。遭到追赶的时候，强盗们会扔掉他们的武器甚至衣服，来减轻矮种马的负重。所以他们往往都能成功逃脱。"

骑着清朝矮种马的强盗遭到孟加拉枪骑兵的追赶。约翰·查尔顿（John Charlton）根据本报特约画家弗莱德·怀廷的手稿绘制。

MAY 18 1901 ◆ THE GRAPHIC ◆ SATURDAY，No.1642
1901年5月18日 图片报 星期六 第1642期

北京街头的“洋鬼子”：来自孩子们的敬礼

“FOREIGN DEVILS” IN A STREET IN PEKING: A SALUTE FROM GUTTERSNIPES

本报特约艺术家写道：“街道上熙熙攘攘，欧洲人有时似乎完全消失在拥挤的本地人群中。在城里的不同地方，清朝孩子向外国军官们敬礼是一个有趣的景象。就像大多数贫民窟的孩子一样，他们都很敏捷，而且似乎学会了一些英语单词。”

右图 | 北京街头的“洋鬼子”：来自孩子们的敬礼。弗雷德里克·德·海因根据本报特约画家弗莱德·怀廷的手稿绘制。

MAY 25 1901 ◆ THE GRAPHIC ◆ SATURDAY，No.1643
1901 年 5 月 25 日 图片报 星期六 第 1643 期

娱乐“洋鬼子”：北京的街头表演

ENTERTAING THE “FOTRIGN DEVILS” : A STREET PERFORMANCE IN PEKING

娱乐“洋鬼子”：北京的街头表演。
弗雷德里克·德·海因根据本报特约画家弗莱德·怀廷的速写绘制。

英国在华运输工具

BRITISH TRANSPORT IN CHINA

下面的插图展示了英国特遣队的一些运输工具。它们由俘获的清朝矮种马、骡子和大车组成。英军有 3 支这样的大车运输队。在目前的行动及将来各中心之间的邮件往来中，它们都将起到极大的作用。车夫主要是来自不同印度军队的军夫。一旦有必要采取行动，他们将成为运输队最有价值的补充。第二大车运输队的指挥官是菲尔德（Field）上尉、戈尔索普（Golthrope）中尉和惠特克（Whittaker）中士。

第二大车运输队的人员配备。

第二大车运输队在天津列队。

JUNE 8 1901 ◆ THE GRAPHIC ◆ SATURDAY，No.1645
1901 年 6 月 8 日 图片报 星期六 第 1645 期

清朝和谈

THE CHINESE NEGOTIATIONS

清朝的危机什么时候会结束？上周一，有人在法国议会上问德尔卡斯(Delcasse)先生这个问题。他非常诚实地回答他不知道。他“坚信”很快就能宣布一项“最终解决方案”，但在其他方面，他和普通人知道的一样多。这一声明尤其引人注目，因为联军撤军已经取得了相当大的进展。军队解散了，瓦德西伯爵已经在回家的路上。在一两个星期之内，北京城，或者说新划定的使馆区周边地区，将移交给清政府。这似乎表明，即使西方各国不清楚何时才能达成协议，但他们对此非常乐观。

事实上，其中最关键的就是赔偿问题。清朝并未遵守最后通牒中所有“不可更改”的条款，但西方各国已经厌倦了不停地讨论次要问题，他们的结论是，只要赔款得以支付，他们就不会纠结于其他细枝末节的要求。尽管如此，这个问题仍然非常棘手，我们不确定它会不会和十几个次要的要求一样，难以解决。不过到目前为止，清朝已经同意支付赔款，但这就是我们已知的全部内容了。清朝还没有找到支付赔款的适当方法，当其找到方法的时候，其还必须说服西方各国相信这些方法具有足够的价值，可以满足各国的要求。无论是清朝还是西方各国，对于这个问题，内部都存在着完全不同的看法，从而使得这个本就复杂的问题更加混乱。在清朝，皇室和地方政府无法就应抵押的收入来源达成一致。北京说，厘金、盐税和地方关税都应算在其中，换句话说，这一负担应该由各省的财政收入来承担。然而，各省回应，他们与义和团运动没有任何关系，他们请求北京和直隶省筹集资金。当这一争端达到高潮时，长江流域的总督们也许会呼吁西方各国保护他们免遭朝廷的勒索。这一点也不是不可能的，我们担心这样的呼吁会导致西方各国之间产生进一步的分歧。现在他们的分歧已经非常尖锐了。俄国和法国希望得到所有联军担保的贷款。英国和美国只能得到有限的赔偿，他们理所当然地拒绝为其他大国的巨额索赔提供担保。

从上述情况来看，很明显，最终协议的达成和正常秩序的恢复，还需要很长一段时间。即使到那时，也不能确定局势会恢复正常。在北京和天津的大街上，联军混编的卫戍部队会做出什么事情，只有神才知道。上周日发生在天津的骚乱，既不会促进和平，也不会让自称文明的人们和睦相处。

英国皇家海军战舰“百夫长”号和“光荣”号在吴淞口相撞

THE COLLISION BETWEEN H. M. S. “CENTURION” AND H. M. S. “GLORY” OFF WOOSUNG

一位记者写道：“4 月 17 日上午，清风吹拂在吴淞口外锚地，英国皇家海军战舰‘百夫长’号在吊起舰上的一只小船的时候，舰上的锚发生移动，缠住了后面‘光荣’号的撞角。幸运的是，前者没有受到很大的损害，而后者完全没有受到损害。尽管如此，这两艘战舰都要开往中国香港，‘百夫长’号要进坞修理，而‘光荣’号要在那里的法庭上接受关于这次意外的问询。”

英国皇家海军战舰“百夫长”号和“光荣”号在吴淞口相撞。
英国皇家水彩画家协会的查尔斯·迪克逊（Charles Dixon）根据英国皇家海军艾雷的速写绘制。

JUNE 22 1901 ◆ THE GRAPHIC ◆ SATURDAY，No.1647
1901 年 6 月 22 日 图片报 星期六 第 1647 期

英国远东海军中国舰队的新型巡洋舰

A NEW CRUISER FOR THE CHINA STATION

“克雷西”号（Cressy）巡洋舰是英国海军的最新成员之一。这是一艘 1.2 万吨的装甲巡洋舰，配有 2 门 233 毫米和 12 门 150 毫米后膛炮，以及 17 门小型速射炮。其本应在两周前启程前往清朝，但在朴茨茅斯试航时，舵机坏了，因此不得不推迟几周。发生这次事故非常令人遗憾，因为英国海军部急于将这艘新型巡洋舰派往英国远东海军中国舰队，以替换西摩尔爵士的旗舰“百夫长”号。早在 1897 年 4 月，“百夫长”号便是英国远东海军中国舰队的旗舰了。

英国远东海军中国舰队的新型巡洋舰。科普斯（C. Cozens）拍摄于南海。

JUNE 29 1901 ◆ THE GRAPHIC ◆ SATURDAY，No.1648
1901 年 6 月 29 日 图片报 星期六 第 1648 期

在北京举办的一场俄国军事葬礼

A RUSSIAN MILITARY FUNERAL IN PEKING

这场仪式在德国的军事医院举行。一位记者给我们发来了一幅葬礼的速写。棺材上盖着一面俄国国旗，周围站着的人手里拿着点燃的蜡烛。牧师穿着金色和红色的长袍，俄国军官、士兵和水手们在吟唱颂歌。来自不同国家的形形色色的军官们聚集在一起，构成了一幅非常不同寻常的画面。

在北京举办的一场俄国军事葬礼。弗雷德里克·德·海因根据一位英国军官的速写绘制。

《辛丑条约》及后续事宜

THE CHINESE SETTLEMENT AND AFTER

随着赔偿谈判结束，发生在清朝的危机终于达成书面形式的协议。清朝支付各国赔款的具体方案及担保分期付款的计划详情尚未披露。我们唯一确信的是，关于担保方案，英国的意见胜过了俄国和法国的意见。我们相信，兰斯顿勋爵最近提出的英国方面的意见，在方式和手段上都很成功。如果我们从协议所花费的时间来判断，可将它视为外交工作上最大的成就之一。1900 年 6 月 20 日，公使馆开始遭到围攻；8 月 14 日，协议得以提出；但直到 1901 年 6 月 18 日，才取得了外交层面上的和平。协议满足了所有国家的愿望。清朝本质上没有任何变化，远东和平也没有得到非常可靠的保障。清朝的排外倾向已经被尽力遏制住了，但它并没有完全消失。清朝依然在皇太后的领导下，而她所有排外的谋臣仍在。在此情况下，清朝是否可以与各国言归于好，还有待观察。至少在一段时间内，和平是有保障的。这是因为在巨大的债务负担尚未解除的情况下，清朝不可能蔑视各国，也不可能筹划敌对政策。

关于国际形势，前景既不明朗，也无法令人放心。清朝东北问题还没有解决，这一问题背后是更加严重的朝鲜问题。没人相信俄国真的打算撤离清朝东北地区。如果俄国继续留在那里，其他的西方国家或者其中的某个国家会不会要求补偿呢？很可能的情况是，谈判将会延长，而这一占领行为将会被极好地伪装起来，使得形势更加不明朗。然而，当俄国不可避免地开始向南推进时，情况将大不相同。仅仅占领清朝东北地区，而无法控制朝鲜，始终会是俄国的一块心病，因为这样一来，会切断海参崴和旅顺港之间的通信。对俄国来说，东亚的朝鲜就像北欧的芬兰一样，对其至关重要，而日本海则是其另一个黑海，朝鲜海峡是其另一个达达尼尔海峡。这些都是持续动荡的因素。无论局势表面上是多么平和，但对不稳定局势的担忧始终困扰着各国。总之，《辛丑条约》只是解决了一些当下的问题，并未彻底解决远东问题。

无题

UNTITLED

卢沟桥火车总站距北京城 9 英里。联军攻占北京后，英军和法军占领了这个地方。比格内尔（Bignell）上尉被任命为当地英国辖区的司令官。当地清朝人称呼他为“大人”，并赠给他相应的官服。从下面的插图中可以看到他身穿清朝官服。在解救北京使馆的行动中，比格内尔上尉是第二位进入使馆的军官。

卢沟桥的英国驻军军官。从左到右分别为：奥顿（Orton）、印度勤务兵、比格内尔上尉、支（Chee）上尉、麦克斯韦（Maxwell）上尉。

上图｜在保定府被法军从义和团手中解救出来的英国传教士。

下图｜清朝皇太后的房间。

上面插图中的传教士，于 1900 年 7 月 4 日被赶出了他们在获鹿（Why-lu）的传教点，不得不躲到山里避难。他们在一个山洞里待了 3 天，然后被一群义和团发现。这些义和团向山洞里开了几枪，打伤了格林的头部。拍摄这张照片时，子弹还在格林的头里。这些义和团带着他们在乡间转了几个星期，把他们作为展品在沿途的村镇进行展出。最后，他们来到保定府，直隶布政使派了 6 名士兵护送他们到天津。离开保定府 10 小时后，士兵们把他们丢在了河边。在那里，他们再次落入义和团的手中，并遭到可怕的折磨。他们曾被单手单脚绑在竹竿上，被从一个地方抬到另外一个地方；还曾被捆绑住手脚扔进院子里；或者被放在桌子上，被义和团用刀在喉咙上划来划去地折磨。正在这个时候，传来了联军攻占北京的消息。村中的官员们经过思考，认为救下这些传教士于己有利，于是他们将这些传教士保护起来，送回保定府。之后，他们一直被关在监狱里，直到 10 月法军到来。在这次动乱中，格林一家失去了一个孩子。

清朝皇太后的房间装饰得很普通，里面除了宝座之外，就和普通的清朝富裕女性的住所一样。和大多数臣民一样，皇太后非常迷信。房间尽头的圆形装饰是一幅画在白色大理石上的天体图，置于卧室门前，以防止恶灵进入。清朝人始终坚守一种习俗，就是在门前或门外几英尺的地方筑一堵墙，或者放置一些障碍物阻止那些空中的恶灵进来。

在旧金山，传教士将女奴从唐人街清朝人手中解救出来

SLAVE GIRLS RESCUED BY MISSIONARIES FROM CHINESE DENS IN CHINA TOWN, SAN FRANCISCO

一位记者写道："这些女孩被奴隶贩子从中国带到旧金山，然后被卖给富有的清朝人，通常售价不少于二百两白银。"美国政府曾试图通过严格执行移民法案来阻止女奴涌入，但并没有取得完全的成功。据报道，最近旧金山举行了一场清朝女奴的拍卖会。

在旧金山，传教士将女奴从唐人街清朝人手中解救出来。左图：待售的女奴。右图：被解救之后。

“请出示车票！”在北京—山海关铁路上，一位清朝收票员正在收取车票

“TICKETS, PLEASE!” A CHINESE COLLECTOR TAKING TICKETS ON THE PEKING-SHANHAIKUAN RAILWAY

这条引起争议的铁路归一家英国公司所有。有一段时间，这条铁路一部分被德国人占领，一部分被日本人占领，其余部分被俄国人占领。如今，由于没必要继续进行军事控制，它被移交给英国。在这里可以看到不同国家的人。下页的插图中最显眼的是一位澳大利亚水兵，而英国、俄国、德国、法国和印度的军官也都出现在同一辆车厢里。

“请出示车票！”在北京—山海关铁路上，一位清朝收票员正在收取车票。弗雷德里克·德·海因根据一位英国军官的速写绘制。